沟通的艺术

回话的艺术

谢 普 编著

版权所有　侵权必究

图书在版编目（CIP）数据

回话的艺术 / 谢普编著 . -- 长春 : 吉林出版集团股份有限公司 , 2020.6

（沟通的艺术）

ISBN 978-7-5581-8646-2

Ⅰ . ①回… Ⅱ . ①谢… Ⅲ . ①心理交往 – 语言艺术 – 通俗读物 Ⅳ . ① C912.13-49

中国版本图书馆 CIP 数据核字（2020）第 091266 号

前　言

在当下，说话和表达能力在人际交往中日渐被重视，一个人只有把话说好，才有好人缘。

说好话是一门学问，是一种智慧，更是一种生活态度的体现。古人云："一言兴邦，一言丧邦。"而在当代社会，同样也有"一句话可以让人笑，一句话也可让人跳"。这些名言表达的正是说话在我们的人际交往中的重要作用。会说话的人，在人际交往中左右逢源、如鱼得水，而不会说话的人，在人际交往中左右受限、寸步难行。

学过历史的人都知道，春秋战国时期，社会极其动荡不安，各诸侯国之间为了各自的利益，不断攻伐，战事频仍。然而乱世出英才，这个时候涌现出了不少以雄辩闻名的外交家、纵横家，他们用那三寸不烂之舌，周旋于列国之间，挽狂澜于既倒，弭战事于无形。他们用自己的"言论"报效国家，令人敬佩。这让人不禁想起那句："一言之辩，重于九鼎之宝；三寸之舌，强于百万之师。"

我们天天说话聊天，不见得就能熟能生巧，个个练出好口才。朱自清在《说话》一文中说："人生不外言动，除了动就只有言，所谓人情世故，一半儿是在说话里。"朱自清夸张了吗？并没有。毫无疑问，口才高手会比别人赢得更好的人缘与更多的机会。他们一开口，世界就是他们的。

社交、面试、辞职、道歉、见客户，甚至安抚朋友，都需要你懂得沟通的艺术。本书通过"所谓情商高就是会说话""回话的艺术""跟任何人都聊得来""别输在不会表达上""说话心理学"五个角度，破解阻碍沟通的隐形密码，让每一次对话都直抵问题核心；精巧布置的说服模式，让对方在不知不觉中被你说服。本书就是这样的社交沟通经典读物，它能教会你在不同的时间、地点、场合，对不同的人说出得体的话语，让你的人生从此顺遂很多。

目 录

第一章 回话宜圆则圆，该方则方

回话不要太直接 …………………………………… 2
圆滑回话，学会拐弯 ……………………………… 7
欲擒故纵，直话曲回 ……………………………… 11
委婉回话巧办事 …………………………………… 15
一句幽默话，化开三九冰 ………………………… 19
一语双关，含蓄回话 ……………………………… 24
设置悬念，引人深入 ……………………………… 28
善用比喻，生动回话 ……………………………… 31

第二章 回话讲究技巧，人人都喜欢你

回话有如润滑油 …………………………………… 36
回话好比调味料 …………………………………… 38

真诚回话被信任 …………………………………… 41
将话题拉回轨道 …………………………………… 44
强调说话内容的价值 ……………………………… 46
巧妙回答，化险为夷 ……………………………… 48
生动回话，获得成功 ……………………………… 53
会回话才能办好事 ………………………………… 56

第三章　听弦外之音，悟回话之道

因人而异来回话 …………………………………… 62
注意对象的身份 …………………………………… 66
如何回答领导，才能获得信任 …………………… 68
如何应答同事有分寸 ……………………………… 72
如何与陌生人交谈 ………………………………… 76
巧妙回答，为爱情添把盐 ………………………… 81
如何应答老年人和小孩 …………………………… 86
投其所好，回得高妙 ……………………………… 91

第四章　用心搭话，还须适宜

智者选择回话时机 ………………………………… 96
把握时机，达成目的 ……………………………… 98
最佳时机，不可错过 ……………………………… 101

不回废话，一语中的 …………………………… 104
抓住重点，回话有方 …………………………… 107
该说"不"时就说"不" ………………………… 111
拒绝也要看时机 ………………………………… 115

第五章 要注意轻重，响鼓莫须重槌敲

回话深浅的艺术 ………………………………… 120
回话要注意分寸 ………………………………… 122
回话要步步深入 ………………………………… 125
蜻蜓点水，点到为止 …………………………… 130
硬话软说，回得高妙 …………………………… 133
回话要有的放矢 ………………………………… 138
三思之后再开口 ………………………………… 143
警惕祸从口出 …………………………………… 147

第一章
回话宜圆则圆,该方则方

在回答别人的问话时,要讲究方圆曲直,该回答的就回答,不该回答的就不要乱回答。有些话适合直接回答,但是有些话需要一些技巧,委婉地回答。

回话不要太直接

很多时候，装装糊涂、说说糊涂话还是很有好处的。在人生中，人们定会遇到许许多多令对方"难堪"的情境。对此，我们可以借助于"糊涂"，"忍让"一下，不过于斤斤计较，暂时"吃点小亏"，做"退让姿态"。这种"糊涂"可以给对方解围，也能让对方对你产生感激之情。

一家旅馆招聘侍者，对面试应聘者提的问题是："有一天，当你走进客人的房间，发现一女子正在裸浴，你应该怎么办？"

应聘者争先恐后地抢着回答。

有的说："对不起小姐，我不是故意的。"面试官听后，摇了摇头。

有的说："小姐，我什么都没有看见。"面试官听后沉默不语。

最后，有个应聘者说："对不起，对不起先生。"结果，他被录用了。

被录用的应聘者巧妙地使用了糊涂的语言，使客人得到了心理上的安慰，同时也得到了面试官的赏识。

在生活中，你经常会碰到一些不想回答但又不能不回答的问题。这时候，你可以巧妙地使用糊涂语言进行回答。

阿根廷著名的足球运动员迪戈·马拉多纳在世界杯上和英格兰球队相遇时打入的第一球是颇有争议的"手球"。传闻，一位记者曾拍下了"用手拍球"的镜头。

赛后，一位记者问他："那个球是手球还是头球？"他机敏地回答："手球一半是迪戈的，头球一半是马拉多纳的。"马拉多纳的回答是故意在装糊涂。倘若他直言不讳地承认，那么无疑承认了这场比赛的不公平性。但是，如果不承认，又有失风度。这妙不可言的"手球一半"与"头球一半"，等于既承认了球是手臂撞入的，颇有明人不做暗事的大将气度，又在规则上肯定了裁判的权威，具有君子之风。

在与人交流时，使用糊涂语言是很重要的。在与人交谈时，使用糊涂语言还有一个重要的用处，就是能够给人台阶下，使双方皆大欢喜。

装糊涂在人际相处上很重要。心胸开阔些，宽容大度些，也就"大事化小，小事化了"了。如果发生意见不一致，争论一阵，分不出高低，便不必争论了。没有多少原则性的大是大非，何必非争个清楚明白呢？你认为自己的意见正确，对方同样认为自己正确，这样，就应当装糊涂，让争论在和平的气氛中结束。

有时候，话说得过于明白真实，反而达不到好的效果。如果能够说得含糊一点儿，说不定会起到更好的作用。在现实生活中，糊涂语言有着广泛的应用。碰到一些很尴尬的情景的时候，糊涂语言就能派上大用场。

遇事不自作聪明，学会给人面子、留余地。糊涂不是昏庸，而是为人处世豁达大度，拿得起，放得下。人们不要太执着，要学会想得开，看得开。该糊涂的时候就糊涂，只有这样才能把事情办成功。

常言道："大事清楚，小事糊涂。"对原则性问题，要清楚，处理要有准则，而对生活中无原则性的小事，不必认真计较。

清代著名诗人、书画家郑板桥曾写过一个"难得糊涂"的条幅，条幅下面还有一段小字："聪明难、糊涂难，由聪明转入糊涂更难……"自然，这里讲的"糊涂"是指心理上的一种自我修养，意在要明白事理，胸怀开阔，宽以待人。

对于日常工作、生活中的许多纠纷与小事，在双方感情好时常常被忽略，而感情不好就会被放大，搞得剑拔弩张。心理学研究表明，感情常常带有盲目性、冲动性和时间性，聪明的人在处理这类纠纷时常采用"不置可否""听其自然"的方法，也称为"冷却法"。人们的感情冲动常会因时间的消逝而冷静下来，此时再看这些纠纷是何等的不值得，矛盾也会随之化解。倘若过分热衷于搞清谁是谁非，一味地斤斤计较，或只顾发泄心中的愤恨，则无异于"火上浇油"，反而会激化矛盾。

在处理某些感情冲突时，在适当的情况下，"糊涂"一下是很有必要的，尤其是当你处于困境或遭遇挫折之时，"糊涂"更能显示出它的价值。它会帮助你消除心理上的痛苦和疲惫，甚至逾越难以想象的鸿沟。这是因为，"糊涂"也是乐观主义精神的一种体现。

古人说："己所不欲，勿施于人。"如果每个人都能设身处地地为别人想一想，人间自然会多一些快乐。处处抢先、事事占便宜的人多半要付出更高的代价。一切事只要自己问心无愧，不曾主动地去与人为敌就可以安心了。如果一味局限于别人的看法，会活得很累。

宋朝宰相韩琦，以品行端正著称，遵循着得饶人处且饶人的生活准则，从来不因为有胆量被人称许过。可是，他处理的事情都得到了众人的好评，得到了大家的敬重。与之相反的是，《红楼梦》中的王熙凤做人可谓精明，依仗贾母宠爱和自家背景，上欺下压，最后令众人生厌，郁郁而死。可见,做人不能不精明,但也不能精明过头。

做人精明露骨,则是一种小聪明。一个人不能把自己的聪明全部都写在脸上,需要的时候做到揣着聪明装糊涂,才是真正的聪明,才能在社会上很好地生活下去。

圆滑回话，学会拐弯

自以为是的人总觉得自己的见解没有错，容易把话说满，不给自己留下余地。杯子留有空间，是为了轻轻晃动时不会把液体溢出来；人说话留有空间，是为了防止"意外"发生而让自己下不了台。

老板新策划了一个项目，想交给小韩负责。老板向小韩介绍完情况后，问他："有没有问题？"小韩立即拍着胸脯回答说："没问题，放心吧！"过了一周，小韩没有任何动静。老板问他进度如何，他才老实说："没有想象中那么简单！"虽然老板同意他继续努力，但对他的信誓旦旦已经产生了反感。

大话连篇的人，将事情的结果吹得天花乱坠，实际行动却不见几分，难免让人觉得华而不实、难以信任。不如低调一点，做的比说的多，多干活少说话，用实际行动证明自己的价值。把话说得太满、太大，就像把杯子倒满了水，再倒就溢出来了；也像把气球灌满了气，再灌就要爆炸了。不如留点余地，自己能从容转身。凡事总有意外，使得事情产生变化，而这些意外并不是人人都能预料到的。话不要说得太满，就是为了容纳这个"意外"。

在做事的时候，对别人的请托可以答应接受，但最好不要"保证"，应代以"我尽量""我试试看"等字眼。上级交办的事当然要接受，但不要说"保证没问题"，应代以"应该没问题，我全力以赴"之类的字眼。这既是为自己做不到所留的后路，也无损你的诚意，反而更显出你的谨慎。别人会因此更信赖你。即使事没做好，也不会太责怪你。

一家酒店的服务员，发现客人陈先生结账后仍然住在房间里，而这位陈先生又是经理的亲戚。如果直接去问陈先生何时起程，就显得不礼貌，但如果不问，又怕陈先生赖账。

于是，她考虑再三，想好了说辞后，敲开了陈先生的房门："您好！您是陈先生吗？""是啊！您是？"陈先生回答说。"我是酒店的工作人员。听说您前几天身体不舒服，现在好点了吗？""谢谢您的关心，好多了。"陈先生很感激地说。"听说您昨天已经结账，今天没有走成。这几天，天气不好，是不是飞机取消了？您看我们能为您做点什么？"服务员试探地问。"非常感谢！昨晚结账是因为我的表哥今天要返回，我不想账积得太多，先结一次也好。大夫说，我的病还需要观察一段时间。""陈先生,您不要客气,有什么事只管吩咐好了。"服务员弄清了原因,告辞离去。

这位服务员找客人谈话的目的是要弄清楚客人走还是不走。如果不走,就弄清楚原因。但这个问题不好开口,弄不好既得罪客人又得罪经理。她的话说得非常圆滑,先是寒暄一下,然后又问客人需要什么样的帮助,一副非常关心的样子,使客人深受感动,不知不觉中就说明了原因。

事情做绝,不留余地,不给别人机会,不宽容别人,处理事情下狠手都是不理智的行为。无论矛盾有多深,最好都不要说出"势不两立"之类的话,否则日后万一有合作的机会,一定会左右为难,尴尬万分。

想要把握分寸,给自己留点余地,需注意以下几个方面。

(1) 话不要说过了头,违背常情常理

事物都有自己存在的道理。说话时,如果违背了常情常理,就会给别人留下把柄。因此,在谈话时,要记住话不要说过了头,不然违背了常情常理。

(2) 话不要说得太绝对

人们考虑问题都喜欢来个相对思考,对于绝对的东西,在心理上有一种排斥感。比如,你斩钉截铁地说:"事实完全就是这样。"别人在心里会有疑问:"难道真的一点儿也不差?"也许你的表达是真实的,可是当别人心里老是琢磨

"难道一点也不差"的时候,他对你的话语是不可能赞同的。

在谈话时,即便是我们绝对有把握的事,也不要把话说得过于绝对。绝对的东西容易引起他人的挑刺,而且如果对方有意挑刺,还真能挑出刺来。与其给别人一个挑刺的机会,不如把话说得委婉一些。同时,如果不把话说得那么绝对,我们还可以在更为广阔的空间与对方周旋。

(3)话要回得圆滑

当我们为了某个目的与他人谈话时,话就要回得圆滑一些。话说得太直,会激恼对方,即便是理在己方。回得圆滑一些,能给我们留下回旋的余地,从容地达到我们谈话的目的。

欲擒故纵，直话曲回

在平时的生活和工作中，人与人之间免不了要交流各自的看法，沟通思想，当看到别人有不好习惯的时候，免不了有所劝诫。

俗话说："良药苦口利于病，忠言逆耳利于行。"然而这些忠言却常常不招人待见，甚至被拒绝。结果是良言无效，好心没好报。

由此可见，在劝人的时候，心眼要好，但是也要注意说话的技巧。只有这样，才能妙语劝人服。良言不逆耳，才能让人甘心接受，才能达到劝诫的效果。

在劝诫别人的时候，我们都希望让对方心服口服，达到劝诫的效果。但是人天生有种"劣根性"，顺耳的话听着就心里舒坦，而对于不顺耳的话则常常会产生反感。因此，在劝说别人的时候，说话要留有余地，让对方的思想拐过弯来。其实，做人不能"弯弯绕"，说话倒可以"绕弯弯"——直话曲说,这样"曲径通幽",效果自然好。

　　周爷爷是个"酒精"考验的老干部。在年初的一次体检中,医生发现他肝部出现了病变,嘱咐他戒酒,但老人依然每天"杯不离手,酒不离口"。老伴好言相劝,老爷子充耳不闻,说得多了,他还不耐烦。没有办法,老伴只得让两个儿子出面做工作。大儿子性格直爽,快人快语,一进门就打机枪似的说:"老爸,您还这么喝,哪是在喝酒,我看您是在喝命,大概是不想过这好日子了。您不听医生的话戒酒,有个三长两短,您让我们……"话还没有说完,就被老爷子给轰出去了。

　　过不了几天,小儿子又回来了。一进屋,老爷子就说:"你也是来劝我戒酒的吧?我劝你还是免开尊口。""爸,看您说的,我可是来陪您喝酒的!"小儿子斟了满满的一杯,递给老爷子,"不过,这是我最后一次陪您老喝酒了!""最后一次?"老爷子大吃一惊。"是啊,医生说我有酒精肝,不能喝了,再喝会那个……唉,可酒这东西,我舍不得啊!"爱子心切的老爷子一听,连忙说:"再舍不得也要戒,酒精诚可贵,生命价更高啊!""戒什么戒,医生说的话也不一定对啊!我看您老喝了一辈子酒,身体不是照样好好的吗?爸,我真羡慕您啊!"小儿子端起杯子,美滋滋地喝了一口。

"嗯……这个……你是不知道啊，不瞒你说，我肝也喝坏了，医生也要我戒酒呢！前天还和你妈、你大哥为这事生气哩！"老爷子支支吾吾，有点不好意思。小儿子做出惊讶的样子，说："哦，这样啊，那您还……""别说了，儿子。"老爷子摆了摆手说，"从今天起，咱们爷俩一起戒酒，怎么样？""别呀！戒了酒多没意思呀。要不咱们先把白酒给戒了？高兴了就喝一点点既不伤身体又有营养的葡萄酒吧。"父子俩说话算话，真的把白酒给戒了。

大儿子在劝诫父亲戒酒的时候，疾言厉色，实话实说，用责怪的语气说父亲"哪是在喝酒，是在喝命"，还说"如果有个三长两短，您让我们……"怄气的话。这样说，虽然话直理直，而且出发点也是为父亲的身体着想，但是父亲听却觉得刺耳，因此他不但不领情，还发威把大儿子赶出家门。

与之相反，小儿子就显得能说会道多了。同样是劝诫父亲戒酒，但是他所用的方式却和哥哥完全不一样，他没有直接劝父亲戒酒，而是先表明自己不是来劝父亲戒酒的，而是来陪父亲喝酒的，并且表示"这是最后一次陪老人家喝酒"，然后再以自己的切身体会，诉说身体被喝出了毛病。虽然想戒酒但是又舍不得，以此引起父亲对自己的劝诫，最后父子俩同病相怜，共同约定一起戒酒。如此直话曲说，欲擒故纵，言此意彼，因势利导，使父亲接受劝说自愿戒酒。

　　劝诫的语言，逆耳就不易入耳，不易入耳便不易入心，不易入心，何以利行？我们何不拐个弯儿，使忠言变得顺耳些，再顺耳些呢？

委婉回话巧办事

生活中,我们常常比较喜欢说话直爽的人。这种人通常没有什么心机,心直口快。然而有时候,说话太过直爽,却容易得罪人。很多时候,实话实说非但不能达到目的,还可能给对方留下很不好的印象。说话太过直爽,可能让别人不容易接受,而委婉表达,能起到缓冲的作用,让听者能够在一种比较舒适的氛围中接受信息。

说话委婉含蓄更能体现一个人的修养。这种表达方式,要求说话的人要有和顺谦虚的态度,表达含蓄、有回味。既让人深省,又容易被对方接受。

李泌是一位智勇双全的隐士。唐肃宗继位之后,想请他做辅国大臣,但他知道李泌生性倔强,如果颁下圣旨召他回朝,他断不会欣然从命。于是唐肃宗想了一个迂回曲折的办法。唐肃宗先特地命人去请李泌。刚开始并没有明说是让他做官,只是说会面叙旧。李泌当然是应召前来。唐肃宗见到李泌之后，当即就表示想任李泌为右丞相。李泌赶紧推辞道："陛下屈尊来待我，视我为宾友，其实已经比宰相显贵很多了。我可以在陛下身边多住些时日，有了想法，都当及时相告，为什么还要授予官职呢？"唐肃宗一听这些话，表面上装出无可奈何的样子，心里却暗暗高兴：李泌接受下山会面的要求之后，又答应参谋军国大事的要求，这样一来，事情就会好办许多。从此，唐肃宗对李泌以礼相待，出门并骑，事事请教，有劝必从。这期间，李泌还为唐肃宗起草了颁发各地的诏书，甚至连立谁为天下兵马元帅以及处理唐肃宗的长子与次子之间的关系等重大事件上，他也提出了自己独到的见解。对此种种，唐肃宗都欣然地接受了。

当然，唐肃宗并没有忘记自己请李泌出山的初衷。他想让李泌穿上正式的官服，成为他名正言顺的臣子，从制度上保证这一大谋略家永远侍候在自己身边，不想让他一直"登门槛"。

时过不久，李泌又给唐肃宗提出了一个很好的建议。他建议唐肃宗诏令长子广平王李俶为天下兵马大元帅，统率诸将东征安禄山。李俶受命，请求父皇指派给他一个谋臣。唐肃宗清楚，只有李泌才是最佳人选。于是他故意对李泌说："先生白衣事朕，志节高尚，朕亦深深佩服。只是前几日朕与先生一同去检阅军队时，曾有军士窃窃私语说，黄衣为圣人,白衣为山人,圣人和山人怎么能够混在一起呢?我需先生决谋定策,但也不能使军士滋生疑团,是不是请先生勉强穿上紫袍,以消除大家的非议呢?"李泌心想,身着百姓衣服,夹杂在服装整齐的军人和朝官当中,的确很引人注目,不如披件朝服倒能省却众人注目,于是就同意了唐肃宗的请求。唐肃宗急忙命人赐给最高级别的官服。李泌穿上了官服之后,满脸笑容地去见唐肃宗。没想到唐肃宗紧接着又提出了更高的要求,笑着对李泌说:"既然已经穿上了官服,又岂能没有官位?"说着把一纸敕文递给了李泌。李泌一看,自己已被授职"元帅府行军长史",敕文上盖着镇国大印,如果抗旨拒绝的话,显然太不顾情面了。再说自己已心甘情愿地穿上了官服,再多加上一个官名又有什么呢?

从此以后,李泌就在朝为官,为平定"安史之乱"出谋划策,做出了很多突出的贡献。

上面的事例告诉我们:语言的表达方式是多种多样的,要根据谈话的对象、目的和情境不同,而采用不同的说话方式。有时候,采用委婉的说话方式,能让谈话起到良好的效果。

美国《纽约日报》的总编辑雷特想招一位精明干练的助理。千挑万选之后,他将目光瞄向了年轻的约翰。他需要约翰帮助自己成名,帮助格里莱成为这家大报成功的出版家。

而当时约翰刚从西班牙首都马德里卸除外交官职,正准备回到家乡伊利诺伊州从事律师工作。雷特请他到联盟俱乐部吃饭。吃过饭之后,他提议请约翰到报社去玩玩。

那时恰巧国外新闻编辑不在,于是他对约翰说:"请您帮个忙,为明天的报纸写一段关于这消息的社论吧。"约翰自然无法拒绝,提起笔洋洋洒洒写了一大篇。文章中文笔优美,语句通畅,格里莱看到之后赞赏有加。于是雷特就提出了进一步的请求:请他再帮忙一星期、一个月,渐渐地干脆让他担任这一职务。约翰就这样在不知不觉中放弃了回家乡做律师的计划,而留在纽约做新闻记者了。

唐肃宗和雷特虽然没有直接表达出自己的想法,但他们用委婉的方式婉转地达到了自己的目的,降服了对方,让对方按照自己的意愿行事。上述事例告诉我们:有时候直话直说不如婉转地表达自己的意思,走迂回曲折的路线,更能达到自己的目的。

一句幽默话，化开三九冰

人与人在交往的过程中，难免会发生一些让人意想不到的状况。有时候，这种状况会让人异常尴尬。怎样来应付这种场面呢？怎样做到冷静处理，尽量缓和气氛，避免造成更大的麻烦呢？其实，在这种情况，不妨来点幽默的方式，不仅可以缓和紧张的气氛，而且能最快最好地解决问题，使局面重新得到控制。有时候，一句幽默诙谐的玩笑话不仅能立刻化解令人尴尬的局面，还会赢得大家的尊重。

德国著名的将军霍夫曼，有一次他到慕尼黑对军队进行考察。当晚，慕尼黑的军官俱乐部举行宴会，对他的到来表示欢迎。在大家举杯喝完酒后，一个服务员来给将军斟酒，由于紧张和激动，服务员居然一下子把酒洒到了将军的秃头上。当时，在场的军官和士兵看到这种情况后都非常紧张，不知道将军将如何大发雷霆来惩罚那个可怜的服务员。当然，服务员也吓得脸都白了，脸上开始冒冷汗。这时，只见霍夫曼将军拿出口袋里的手帕，擦了擦脑袋，笑着说："小伙子，我这脑袋已经秃了二十年了，你这个方法我也用过的，谢谢你。可还是得告诉你，根本不管用！"就在大家的一阵哄笑声中，那个服务员也终于恢复了平静，他感激地向将军敬了个礼，流着眼泪退了下去。这时，大厅里响起了一片热烈的掌声……

试想，假如不是霍夫曼将军善用幽默，不知道那个可怜的服务员会陷入怎样的尴尬和自责中，而将军一句宽宏大量的玩笑话，就把尴尬的气氛缓和了下去，不仅赢得了全体将士们的尊重，也提升了自己的人格魅力。

霍夫曼将军的事例告诉我们一个道理：有时候，一句幽默的话，似春日的暖阳，可以化开三九冰。

美国前总统克林顿有一次被记者围攻，记者问他："总统先生，对于媒体对您与XX小姐绯闻的报道，你有什么看法？"克林顿从容不迫地答道："取笑我的话已经被世人说尽了，再也没人能说出新鲜的了。"他的语言既尖锐又圆润，自嘲的同时也没有忘记反攻，一下子就把球抛到了记者手中，弦外之音就是：你们哪个有本事说出点新花样来？我洗耳恭听。果然记者们顿时全部无言以对。如果克林顿直截了当地拒绝回答记者的提问，或者表现出抵触的情绪，必然会招致媒体的驳难四起，引发一轮更猛烈的进攻，那样的话自己就更加被动了。在这里他仅略施小技,就把记者们打输了。正是幽默帮助克林顿渡过了难以逾越的难关。

英国首相威尔逊有一次在公开场合演讲。演讲刚刚进行到一半的时候,台下突然有个捣蛋分子高声打断了他:"狗屎!垃圾!"

全场顿时一片安静,所有的听众都望着他,想看他如何处理这突如其来的状况。威尔逊虽然受到了干扰,但他情急生智,不慌不忙地说:"这位先生,请稍安勿躁,我马上就会讲到你所提出的关于环保的问题。"

全场响起一阵热烈的掌声,人们情不自禁地为他机智的反应鼓掌欢呼。

物理学家牛顿与天文学家哈雷是很好的朋友,但他们却因为一件事情产生了严重分歧:牛顿是个虔诚的基督教徒,他认为是上帝给了地球"第一推动力",哈雷则是个无神论者,相信事在人为。为了扭转哈雷的这个看法,牛顿精心布局,制作了一个太阳系模型。中间是太阳,四周的行星排列有致,一拉曲柄,行星便按照自己的轨道转动,和谐而又美妙。一天,哈雷到牛顿的家中看到了这种模型,不由得摆弄起来,他非常惊奇地问:"如此巧妙之物,是谁造的啊?"牛顿摇了摇头说,不是造的,是一堆废铜烂铁偶然碰到一块形成的。哈雷说,绝对不可能,这一定是某个人造的,并且造它的一定是一位天才。牛顿觉得此刻时机到了，便对哈雷说："这个模型虽然精巧，但比起真正的太阳系，实在算不得什么。连模型你都相信是人造出来的，比模型精巧万倍的太阳系，难道不应该是被一个全能的神用高度智慧创造出来的吗？"哈雷听过之后，哈哈大笑。

生活中，经常会有这样的情况：有些人说一些话或者做一些事让你处于尴尬的境地，这个时候，如果你只顾解除自己的尴尬，完全不顾对方的感受，就会使对方也陷入尴尬之中，虽然将自己的尴尬化解掉了，可心里并不一定舒服。遇到这种场合，最好的办法是将错就错，索性把双方的尴尬一同化解掉，同时这么做也会赢得对方的好感。

有一次，托尔斯泰去火车站迎接一位来拜访他的朋友。他在站台上等朋友的时候，被一个刚下火车的贵妇误认为是搬运工，便吩咐托尔斯泰到车上为她搬运箱包，托尔斯泰也没有为自己辩解，而是毫不犹豫地照办了，最后贵妇还给了托尔斯泰五个戈比作为报酬。这时，来访的朋友下车见到托尔斯泰，连忙过来同他打招呼，站在一旁的贵妇这才知道，原来这个为她搬行李的人竟是大名鼎鼎的托尔斯泰。贵妇此时觉得非常尴尬，频频向托尔斯泰表示歉意，并且请求收回那五个戈比，以维护托尔斯泰的尊严。不料托尔斯泰却表示不必道歉，和蔼地对那位贵妇说："没有必要收回那五个戈比，因为那是我应得的报酬。"就这样，双方的尴尬在他的幽默中化解了。

幽默是一种智慧的表现。具有幽默感的人不论在哪儿都会受欢迎，可以化解许多人际的冲突，往往能使人怒气难生，带给别人快乐。

一语双关，含蓄回话

李宇最初在一个学校附近卖各种冷饮，然而每当夏天结束的时候，他的生意便不好做了。有一年他灵机一动，写了两张广告词。

一张上面写着：夏天已经过去，本店冷饮部分结束；另一张上面写着：天气逐渐转凉，本店热饮部分即将开张。同时，他准备了大量的热咖啡、热汤汁等。如此一来居然受到了意外的欢迎，没过几年，李宇就成了百万富翁。

一个人的能力总是有限的，要取得成功，必然离不开别人的帮助。做生意的人，最在乎的就是有没有消费者。能否吸引更多的消费者，让消费者帮你"积资"，关键就要看你是否会说话会办事了。李宇的这种做法，在引诱消费者做出选择。巧妙的暗示是一种特殊的交流方式，是暗示者出于一定的目的，采用一定的方法，含蓄、巧妙地向对方发出某种信息，以此来影响对方的心理，使对方在不知不觉中接受自己意见，从而改变其行动。

在一个楼道小区内，几位老同志向小区的管理员反映：楼上的小青年半夜三更还在唱歌，把音响开得很大声，吵得楼下的老同志睡不好觉。这属于两代人的生活习惯问题，如果把这个问题在小区会上公开提出来，不仅会让老同志和青年人之间产生隔阂，还可能引起青年人的反感，从而达到相反的效果。

小区管理员想了一个办法，在一次和这些小青年的闲谈中，他讲了一则笑话：老年人睡眠浅，晚上很难入睡。在一个小区，有一个老太太和一个年轻姑娘住楼上楼下。姑娘上晚班，每天下班回家的时候，双脚一甩，鞋子"噔噔"两下，重重地落在地板上，每次都将好不容易才入睡的老太太弄醒。老太太给姑娘提了意见。

当晚姑娘下班回家的时候，习惯性地甩出了一只鞋，刚甩出第一只鞋之后，她马上意识到不对，便轻轻地脱下了第二只鞋。第二天一早，老太太埋怨姑娘说："你一次将两只鞋甩下，我还可以重新入睡，你留下一只没有甩，害得我等你甩第二只鞋等了一夜。"

笑话说完之后，小伙子们悟出了笑话是有所指的，也明白了自己的行为影响了老年人的睡眠。以后，他们再也没有在半夜的时候吵闹了。生活中，人们常常喜欢说："有话请直说吧。"但直话直说也是要分场合和时间，比如上述事例中，如果小区管理员把小青年叫到身边告诉他，晚上回来动作轻一点儿、不要打扰别人休息，或许所取得的效果就没有那么好了。

一个小男孩站在低低的柜台前面，凝视着一盒打开了的巧克力饼干。

"喂，小孩，你想干啥？"食品店老板跟他打趣道。

"哦，没什么。"

"是吗？我怎么觉得你好像是想拿一块饼干呢。"老板说。

"不，您错了先生，我是想尽量不拿。"小男孩顽皮地回答。

老板不禁被小男孩的机智和可爱逗笑了，于是送给他一盒饼干，作为奖励。

这个小男孩很聪明，他利用一语双关、巧妙暗示的说话技巧，让老板心甘情愿地把饼干送给他。

在人际交往中，直话直说有时候并不能达到目的，而巧妙的暗示有时候却能四两拨千斤。

犹太商人费南度在旅途中被歹徒抢得一干二净，只好到附近教区会馆找到会长，请求他提供安息日食宿的家庭。

会长看了一遍登记簿，对费南度说："这个星期五，经过本镇的路人特别多，每家每户都有客人，只有经营金饰店的老板修美尔家没安排客人。但他一向都不喜欢接待外人。"

费南度思考了一会儿，对会长说："我会有办法让他接纳我的。"于是，他很自信地向修美尔家走去。恰巧，修美尔做完祈祷归来。费南度把修美尔拉到一旁，从大衣口袋里取出一个沉重的小布包，悄悄地对他说："砖头大小的黄金能卖多少钱呀？"

修美尔的眼睛霎时为之一亮，但已经到了安息日，安息日是不能谈生意的。修美尔心想：如果让他走了，他很可能去找其他经营金饰的同行，那岂不是失去了赚大钱的机会？于是他对费南度说："这个东西一时难以估价！安息日你就住在寒舍，等过了安息日再谈吧。"

按照犹太教的规矩，每周第五天日落至第六天日落，这24小时为安息日。这期间不得从事任何谋生工作，更不能谈生意。

在安息日这一天里，费南度住在这个金饰商的家里，受到热情周到的款待。安息日一过，修美尔就急不可待地催促费南度把金子拿出来瞧瞧。

费南度故作惊愕状地说："什么金子呀？我只是想知道砖头大的金子到底值多少钱而已！"

巧妙的暗示是聪明人经常使用的手段。一句相同的话用另一种不同的方式表达出来，就会取得不同的效果。

设置悬念，引人深入

回话是需要技巧的。一个会回话的人，不管在什么时候都能让别人心甘情愿地帮他。而一个不会说话的人，不但不会得到别人的帮助，有时反而还会被别人认为是无理取闹。英国思想家迪斯累利说过："贤者的睿智与年岁的经验，将因引用而万古常存。"

从前，浙江有个香烟商人到上海去做生意。有一天，在上海南京路的一个繁华之地，他大谈抽烟的好处。突然，从听众中走出一个老人，径直走到台前。

老人在台上站定后，便大声说道："女士们、先生们，对于抽烟的好处，除了这位先生讲的以外，还有三大好处哩！"浙江商人一听这话，连忙向老人道谢："谢谢您了。先生，看您相貌不凡，肯定是一位学识渊博的老人，请您把抽烟的三大好处当众讲讲吧。"老人微微一笑，说道："第一，狗害怕抽烟的人，一见就逃。"台下一片轰动，商人暗暗高兴。"第二，小偷不敢去偷抽烟者的东西。"台下连连称奇，商人更加高兴。"第三，抽烟者永远不老。"台下听众惊作一团，商人喜不自禁，要求解释的声音一浪高过一浪。

老人把手一握，说："请安静，我给大家解释。"商人格外振奋地说："老先生，请您快讲。""第一，抽烟人驼背的多，狗一见到他以为是在弯腰捡石头打它哩，能不害怕吗？"台下笑出了声，商人吓了一跳。"第二，抽烟的人夜里爱咳嗽，小偷以为他没睡着，所以不敢去偷。"台下一阵大笑，商人直冒冷汗。"第三，抽烟人很少长命，所以没有机会衰老。"台下哄堂大笑。此时，大家一看，香烟商人已不知什么时候溜走了。

这位老人讲话一波三折、层层推进，一步一步把听众的思维引向迷惑不解的境地，把听众的胃口吊得足够"馋"的时候，才不慌不忙地表达出自己的意思。

"抽烟对人的身体有害，是应该遭到反对的"，这是大家习惯性的思维。当老人一言不发地走向大谈抽烟好处的商人时，所有人都认为老人会提出反对的意见，然而老人说出的话却出乎意料，他不仅赞同商人的话，还大谈抽烟的好处，吊起商人和听众的胃口，他们都急切地想知道原因。最后，老人以幽默的话语做了妙趣横生的解释。不仅让听众开心，又揭穿了商人欺骗性的话语，让听众意识到抽烟的危害性。

古人说："文似看山不喜平。"在和别人交谈的过程中，如果能恰到好处地设置悬念，会让听者在回旋推进的言论中产生"山重水复疑无路，柳暗花明又一村"的感觉，因而对你说的话产生无穷的兴趣。

善用比喻，生动回话

比喻，就是打比方，即以彼物比此物。具体说，当人们在语言交际中要表达某一事物或道理时，运用联想或想象，引进另一种事物或道理，以便把要表达的事物或道理反映得更具体、更贴切、更生动、更富有感染力，使听者爱听，从而留下深刻印象。

刘向的《说苑》中有这样一个生动的故事。

有人对梁王说："惠子这个人说话善于打比喻。假若大王您不让他打比喻，那么，惠子就没法说话了。"

于是，梁王对惠子说："希望你今后说话时不要打比喻了。"

惠子回答说："假若有个人不知道'弹'为何物，您告诉他'弹'就是'弹'，他能明白吗？"

梁王说："当然不明白了。"

惠子说："我要把我知道的事物告诉不知道这事物的人

们,您说不打比喻行吗?"

梁王说:"不打比喻是不行的。"

这个故事中,本来梁王是不让惠子再打比喻,可是惠子又悄悄地打了一个比喻,说服了梁王。

比喻一般由本体、喻体和比喻词三部分组成。本体是被比喻的事物;喻体是用来作比的事物或对象;比喻词则是标明比喻关系的词语,如"好像""恰似""像……一样"等。

一次,有人问爱因斯坦什么是相对论,爱因斯坦解释说:"你同你最亲爱的人坐在火炉边,一个钟头过去了,你觉得好像只过了五分钟;反过来,你一个人孤孤单单地坐在热气逼人的火炉边,只过了五分钟,但你却像坐了一个小时。这就是相对论。"爱因斯坦用人们日常生活中的真切体验来解释高深玄妙的相对论原理,让普通人也能理解。

人们说话是为了描绘事物,或阐述道理,或表述情感等,要把这些东西表述得生动具体,使别人印象深刻,并不是一件容易的事。如果能运用贴切的比喻,就能化难为易,话半功倍,具有说服力。

庄子是我国战国时期著名的思想家。他一生都过着十分清贫的生活。一次,庄子家里一点儿粮食都没有了,万般无奈,只好到朋友监河侯那里借粮食。

监河侯正收拾行装要外出。庄子见了他,讲了借粮的事,监河侯满口答应:"好说,好说,不过我正要进城收租金,等我回来,一定借给你三百两银子,好吗?"

庄子心想:你进城一趟,来回得半个月,等你回来,我一家人不就饿死了吗?

"老兄啊,刚才我见到一件事,很有意思,你不想听听吗?"庄子说。

监河侯问:"什么事,你快说。"

庄子说:"刚才我到你这儿来的时候,在路边听见求救的声音。我到处找,却没见人。原来在路旁的干河沟里,有一条小鱼,嘴巴一开一闭地在叫着。它说:'我从东海来,现在快干死了,先生能不能给我瓢水,救我一命啊?'我说:'那太少了。你再忍耐一下,等我去找赵国和吴国的大王,请他们堵住西江的水,然后开沟挖渠,把西江水引到这儿来,你就可以顺水游回东海了,你看这样好吗?'谁知那条鱼听了很生气地说:'我现在已经快死了,只要一小瓢水就能活下去。你的计划虽然很好,但等到西江水来的时候,恐怕我早已变成鱼干了,先生只好到干鱼摊上找我了。'"

监河侯听到这里,满脸通红,连声向庄子道歉,喊来家人,给庄子装了满满一袋粮食。运用比喻说理简洁明了,喻体非常广泛,俯拾皆是。只要与你说明的道理有内在性质的共同点,就可以信手拈来,达到目的。

第二章
回话讲究技巧，人人都喜欢你

听人说话，不可缺少的是回话。听者即使认真倾听对方说话，但如果没有适当的回话，说者便会觉得索然无味。像"嗯""是这样啊""不错"之类的回话，是比较常用的。回话不仅能提高对方说话的兴趣，也可改变单调的氛围。

回话有如润滑油

回话有如润滑油，能使谈话更加流畅。

或许你会发现，唱歌时有音乐伴奏似乎比清唱好听。至于谈话方面，如果说者是歌者，而听者是伴奏，那么伴奏的人可适当帮腔，使得说者能开怀献艺。

众所周知，说话是为正确传达本人意思。然而并非人人都"能言善道"，甚至有人说话结结巴巴的，别人根本听不清楚。这时，听者需加以帮助，使他能表达一切，这也属于回话的一种。交谈是双向沟通，并不只是说者的问题，如何引导说者表达清楚，是听者责无旁贷的事。

话虽如此，却不容易做到。某电视主持人在访谈中经常会自然地问"接下去呢?"或者"好有趣，然后呢?"由于他擅长把握时间，受访者自能畅谈一切。不可否认，有人如此喜欢他，是因为喜欢他的个性，不过这与他的回话也很有关系。

说者不见听者有所反应，谈话情绪会逐渐不安。没有帮腔的谈话，就好像是对无生命的墙壁发表演讲，令人感到没意思。电话答录机便是最好的例子。的确，这种机器虽然为我们带来许多方便，却也带来许多的抱怨。交谈当然是双方都应该表达意见，但只有单方面反应，必然使得另一方感到忐忑不安。

所谓沟通，是说者与听者相互传达意思才能成立，只有说者说得口沫横飞，而听者则默默无言，便不能称为沟通。在交谈时营造气氛，让说者能安心畅谈，这当然要借助回话的作用了。

回话好比调味料

回话好比是烹调时所加的调味料，具有画龙点睛之效。比如"为什么""真的""是吗"或"可是"等，都可以加深谈话内容。

但如果回话太频繁，就会像在汤里加了过多的胡椒粉。反之，30分钟的谈话，仅仅回答一句"是这样的吗？"就会显得平淡无味。愉快的谈话，离不开恰到好处的回话，就好像精致可口的菜品加适量的调味料一样。

1. 回话宜配合谈话进展做出变化

话虽如此，并非人人都是烹调高手，一定能做出美味的佳肴。

只有回话仍显不足，还需配合谈话内容。否则任意使用"你说得对"或"原来如此"，恐怕对方会误以为遭人轻视。

因此，回话宜配合谈话进展做出变化。当对方说到伤心处，你应表现出同情，而对方谈得眉飞色舞，则须表示快乐。如这般随机应变的回话，可鼓励对方继续表达意见。换句话说，应注意对方谈话，视情形插嘴，提出问题或加以诱导，那么才能增加谈话内容。

2. 应避免说长道短的回话

三五个好友聚在一起闲谈，难免会谈到别人。人的心理很奇怪，明知不是事实也会听得津津有味。

这对遭受批评的人来说，不论别人所言是对是错，同样都会感到困扰。因为这种批评往往是越描越黑，使不存在的事成为真实，如此不仅会引起当事人伤心，甚至名誉也被破坏了。所以，应尽量避免说别人坏话。

这种谈话也能形成与人沟通的目的，要是一律不理会，反而会遭人非议，视你为说长道短的箭靶。

这种谈话也会具有社交功能。保持立场，做出适当的反应，有助于增进人际关系。

关于这点，可从一位食品厂推销员的经验感受出来。某天，他到一家超级市场推销新产品，双方谈成生意后，商场负责人答应扩大专柜以增加他的产品销售量。正要离开时，这个负责人突然提到另一家食品厂商的事。

"A公司投入的设备资金庞大，收益却不高。而且听说老板患有心脏病。对于这类摇摇欲坠的公司,我想将其列入拒绝往来户,或许下次你来时,他们的产品已不在这货架上了。比较起来,还是贵公司的经营稳当。"

说完,这个负责人还不断强调他只是听说的。照这个负责人所说,对那位推销员的公司似乎有利,推销员所以很想发表意见,但随即改变主意,随口说:"是啊,那就糟了。"然后以有事推辞,迅速离开了超级市场。

如此看来,那位推销员的确高人一等。他有责任在身,若对方是顾客,则实在很难应付。如果说"我从不听闲话",好比在责备对方。回答"你是从什么地方听来的"也会出差错。要是突然改变话题,又会使气氛变得尴尬。

那么,最妥善的方法就像他一样,轻轻松松听完后快溜。

何况,有人常以这种方式评价听者,因此碰到这种情形需要特别谨慎。

真诚回话被信任

看那些厉害的主持人，不仅要知识丰富，乐于说话，还要扮演听众的角色，让在场的人都能在轻松愉快中说出心里的话，而回话是达到这个目标的有效方法。

比方说，在访问明星时，他们常常会以较夸张的方式进行回话："哦，原来你的星路历程如此坎坷！"以此激发对方的表达意愿。此外，也可以独特的笑声和语调，或做各种手势，引导对方进入状态。

如此配合对方的喜怒哀乐做出适当反应，即使回话比较夸张，也无伤大雅。

不仅是主持人，我们平时与人交谈时，也需具备这种态度。当你谈到自己过去很有趣味或很自豪的事时，要是对方比自己更高兴，或许你会觉得对方做作，但仍要雀跃不已，继续说下去。

听人说话的人表现出十分专注，从表情或动作中传达关注说者谈话的意思，说者必然是欣喜万分，对听者更加信任。

但话又说回来，听者需根据谈话内容做出适当反应，不可连言不及义的谈话也表示感兴趣，那么就丧失交谈的真意了。

大部分被评为具有听话修养的人都了解回话的重要性，他们经常利用"哦""原来如此"或"说的也是"等字眼来吸引对方说话。这种技巧对于增进人际关系有很大的帮助。

假如你是一位业务员，因工作上的关系必须访问某公司的主管，万一主管沉默寡言，很难导入正题，这时绝对不要焦躁不安，不妨配合对方说话的习惯，一步一步加以引导。

其实，口齿越不伶俐的人，越在乎对方回话的态度。如果你能清晰地表示自己的态度，鼓励对方勇于表达，并辅之以合适的肢体语言，就能引起对方共鸣。如此一来，必能使谈话流畅无比。

往往需要用夸大的表情来满足对方，这样就可引导话题转向有利于自己的方向。当然，反应也不可以过于夸张，必须抱持尊重对方的态度。

听者对话题表示有趣，可能会引发说者的灵感，衍生出另一个话题。而表现出不了解，说者也会改变表达方式，以期听者能完全明白。所以，说者与听者之间的互动，可缩短彼此的心理距离，营造出畅所欲言的局面。

沟通其实并不困难，不管一对一或一对多，都需双方相互确定反应而进行。听者的反应确能左右说者，太夸张的反应可能使对方冷场，而称赞过多或态度不礼貌，也都要避免。唯有态度坦诚，才能进行良好的沟通。

适当的回话可取信于对方，使对方肯表达一切，这才是高明的沟通技巧。

将话题拉回轨道

所谓回话，不仅是指简单的点头，或说"是""嗯"，还要确定内容重点，配合对方的反应。假如谈话主题明确，就须在不破坏说者兴致的情况下加以引导。利用这种方式，可使谈话流畅，也可帮助说者尽快下结论，这正是回话最重要的作用。

特别是冗长的谈话，更容易产生问题。例如说者也搞不清自己所谈，而且越想确定越慌乱，结果更表达不清楚。这时，听者不妨表示："原来是这样的吗?"先确定谈话重点，再加以整理一番。

此外，有人需费一番口舌才能表明一件简单的事。这多半是因说者无法确定听者是否已经了解所造成的，结果解释了半天，也没有掌握住重点。

有人完全不懂谈话技巧，不是短话长说，就是说些与主题无关的话题，甚至连陈年往事也牵扯上。这样的谈话太多，渐渐地就会脱离主题。因此听者须予以引导，使谈话步入"正轨"。

如此一来，即使造成对方一时语塞，只要说者能适时修正或抑制即可。这是听者的重要责任，也是听话技巧之一。但话说回来，不宜以强迫方式让说者张口结舌，使说者暂时停止说话，是为了拉回谈话主题。听者在注意说者是否离题或拖长之余，也需考虑整个谈话是否能够圆满。

听者要引导说者避免偏离主题，但话题略偏也不必计较，要是处处加以限制，反而使谈话内容乏味，并且也无法尽兴。

强调说话内容的价值

深知说话艺术的人，话题都特别丰富。而且，会配合听者的言行，使听者对自己所言深信不疑。当他们发现听者听得入神时，便巧妙应用回话之法，使得谈话顺利进行。

演说或工作报告等，都以说者单方面表达为主，直到结束前，听者都没有打断谈话的机会。由于听者无法在中途发表意见，只能以鼓掌等方式表示。

要是换成一对一的交谈，发生任何异议时，都可当场发表。比方说，上司在某次闲谈中提起："我学生时代对文学作品很感兴趣，像托尔斯泰的作品我大都已拜读过。但现在的学生，对这些著作似乎不感兴趣，的确令人惋惜。如《安娜·卡列尼娜》，值得一看再看，从中可学习许多人生道理。"

上司得意扬扬地畅谈往事。假如你只是点点头、简单地说："是吗？"上司对你的评价可能会大打折扣。但假如换成说:"真的?那我待会儿立刻去购买托尔斯泰的书给我儿子看,或许可以改变他只喜欢刷抖音而讨厌看书的习惯呢。"必能博取上司欢心。当然,也可以进一步说:"经理,您刚才提到的是《安娜·卡列尼娜》?"同时从口袋中取出记事本记下,这样效果更佳。记下对方所言的行为,将使对方觉得十分愉悦。

由此可见,回话除了语言和表情外,还包括一些具体行为。这些具体行为不仅给予对方信心,同时也表示"你所说的一切都具有价值,值得向人推荐"。平时与人一对一交谈时,均须掌握此一原则。

所谓尊重对方,即指把谈话导向正途。只简单回答"是吗"根本无法达到这种目的。

如何让说者在谈话后获得满足,与听者的认同具有很大关系。

巧妙回答,化险为夷

1919年,毕洛夫公爵担任了德国的首相,当时在位的是德国的最后一个皇帝——威廉二世。

当时,威廉二世做了一件震惊世界的大事。他在英国发表了一个公开的声明,宣布他是唯一同英国人友好的德国人。还为反对日本进攻的威胁建立了舰队,以拯救英国免受俄国和法国的欺凌,还有一些其他的内容。同时还在《每日电讯报》上发表。

在和平时期,作为一国之君居然会讲出这样的话,这让人们始料未及。一石激起千层浪,这个声明一发表,立刻激起了整个大陆人民的愤怒,人们一边倒地声讨威廉二世。公众的愤怒吓坏了威廉二世。他要求毕洛夫公爵为他承担罪过,让毕洛夫公爵宣布这一切都是他造成的,罪过不在自己身上。要毕洛夫公爵告诉人们,自己说的这番话,是来自于他的提议。面对威廉二世提出的这个要求,毕洛夫表示抗议,他说道:"我不能想象,在德国和英国,谁会相信我会提出这样的建议。"

话一出口,毕洛夫立刻明白自己犯了一个大错误:这句话的潜意识就是威廉二世是个笨蛋。果然,威廉二世震怒了。他喊道:"你以为我是头驴,像这样的错误,只有我会犯,而你却永远都不会犯?"

毕洛夫知道,面对愤怒的皇帝,自己要想办法平息皇帝心中的怒火。在皇帝批评过他以后,毕洛夫开始称颂皇帝,这样的做法取得了很好的效果。他说:"陛下的水平,臣望尘莫及。陛下,您不仅在军事上、航海事业上有很高的造诣,而且在自然科学方面,您也高我一筹。陛下,每当您谈到电话或X射线时,我都不懂,只能洗耳恭听,心中对陛下钦佩不已。在这些问题上我是外行,不懂一点儿物理知识。"毕洛夫接着说:"但是,我懂一点儿历史知识,也许在政治上,特别是在外交方面,说不定会有一些用处。"

听了毕洛夫这番话,威廉二世的气也渐渐消了。毕洛夫贬低自己,抬高皇帝的做法,让威廉二世原谅了他的大不敬。威廉二世对毕洛夫说道:"我不是总跟你说吗?以前,我们互相配合,共同进步。以后,我们也应该互相支持才对。"

在他们谈话的过程中,威廉二世几次握毕洛夫的手。后来,他攥着拳头宣布:"如果谁对我说反对毕洛夫的话,我会毫不犹豫地给他一个耳光。"

在说错了话，皇帝龙颜大怒，即将惹祸上身的情况下，毕洛夫用巧妙的回答挽救了自己。他坦诚地承认了自己的错误，又进一步抬高了皇帝，把皇帝夸得心花怒放，从而避免了一场灾难的发生。

有一天，卡耐基正带着他的宠物狗雷斯在公园散步，迎面走过来一位骑马的警察。

看到卡耐基牵着一条小狗，警察上前对着他训斥道："你为什么让你的狗跑来跑去，而不给它系上链子或戴上口罩？难道你不知道这是违法的吗？"

卡耐基回答道："是的，我承认这样做不对，但是我认为它不会在这儿咬人。"

"法律是不管你怎么认为的。在这儿，它可能会咬死松鼠，或咬伤小孩子。这一次也就算了，我不再追究，但假如下回我再看到这只狗没有系上链子或戴上口罩，你就去跟法官先生解释吧。"

卡耐基客客气气地回应了。

但是，雷斯好像不喜欢戴口罩，卡耐基也不喜欢看它戴上口罩的样子，因此他决定碰碰运气。起初事情很顺利，但是，没有过多长时间，麻烦就来了。一天下午，他们在一座小山坡上赛跑时，又遇到了一位警察。

这一次，卡耐基没有等警察开口就先发制人。他说："警官先生，这下你当场逮到我了，我有罪。我没有托词，没有任何借口。上个星期，有一位警察警告过我，若是再带小狗出来而不给它戴口罩就要对我进行处罚了。"

警察回答："好说，好说，我知道没有人的时候，谁都忍不住要带这么一条小狗出来玩玩。"

卡耐基回答："是这样的，的确是忍不住，但这是违法的。"

警察反而为他开脱："像这样的小狗大概不会咬伤别人吧。"

卡耐基说："不，它可能会咬死松鼠。"

他告诉卡耐基："你大概把事情看得太严重了，我们这么办吧，你只要让它跑过小山，到我看不到的地方，这件事情也就算了。"

发生过这件事之后，卡耐基在心中感叹：那位警察也是一个普通的人，他要的是一种自己是重要人物的感觉；他对自己的责怪，能够表现他的威严。而自己的"唯命是从"，能够让他的虚荣心得到满足。在处理这件事情的时候，卡耐基所采用的方法是不和他发生正面交锋，承认自己绝对错了。最后，这件事情就这样在和谐的气氛下得到了解决。

每一个人都有被人指责的可能。当你受到别人指责时，不妨以先发制人的方式数落自己一番。当对方发觉你主动承认错误时，便不好再对你进行过多的指责。如果一开始你就回答说："我说这些话可能有点鲁莽。""我这可能是无理的要求。"或"我说的话可能过分点。"这个时候，即使你回答的话确实令对方感到厌烦，对方也不会因为这些而当面指责你。如果反复使用，更能加强效果，使对方轻易地听完你的要求，并接受你的意见。

生活中，当我们面对别人的责问时，最好的办法就是自己主动承认错误。先发制人，别人也不好意思继续责怪你。这样的方法比你为自己的错误辩解，非要和别人争个输赢相比，效果要好很多。

生动回话，获得成功

在日常交谈中，如果要想获得一个好的人缘，不妨在回答时多赞美别人。有时候给人一个超乎事实的美名，就会像仙棒一样，点在谁身上，就会使他从头到脚焕然一新。

你如果想要在某方面改变一个人，就把他看成已经具备这种杰出的特质。莎翁曾说："假如他们没有一种德行，给他们一个好的名声来作为努力的方向，他们就会痛改前非，努力向上，而不愿看到你的希望破灭。"

袁世凯窃取了中华民国临时大总统的权力之后，每天都在做着皇帝的美梦。

有一天，他正在睡觉的时候，一个丫鬟端着参汤进来，一不小心脚下一滑，碗摔在地上，汤也洒了一地。睡得正香的袁世凯被打碎的声音惊醒过来。

当他发现自己珍贵的玉碗被家里的下人打得粉碎时，禁不住勃然大怒。

"你犯了杀身之祸，今天非要了你的命不可！"袁世凯气急败坏地冲丫鬟喊道。

"不是小人之过，"这个丫鬟哭着回答道，"小人有下情不敢上达。"

"有什么话？快说！"袁世凯追问。

"小人用玉碗端参汤进来的时候，发现床上躺着的不是大总统。"丫鬟冷静地回答。

"混账东西！床上不是我，那能是谁？"袁世凯怒骂道。

"我说，床上……床上……"丫鬟下跪，回答说，"床上躺着的是一条五爪大金龙！"

袁世凯一听立刻喜笑颜开，真以为自己是真龙转世，高兴地拿起一沓钞票让这个丫鬟压压惊。

在对话的过程中，要想获得良好的效果，就要懂得给别人一个好的名誉，也就是送他一个虚名，对方为了保住这个虚名，就会按照你的意愿行事。

一位本科毕业的大学生去一家公司应聘，人事经理对他说："你的表现虽然很不错，但是我们想招一个研究生，本科生我们暂时不予考虑。不好意思，你请回吧。"这位学生故作依依不舍状，动情地回答说："各位老师能给我这次面试的机会，我非常感谢。我非常非常想加入贵公司，贵公司产品在国内市场上具有很大的知名度，新产品已经进入国际市场，前途无量。假若我能有幸成为贵公司的一员，我会感到无比自豪的。虽然无缘参与你们的朝阳事业，但我仍然衷心祝愿贵公司在事业上能够更上一层楼。"第二天，该学生就接到那家公司的来电，告知他，他已经通过了公司的面试，被正式录用了。

每个人都希望自己留在别人心中的印象是美好的，不论是穷人、富人或者是街头乞丐。恰当而生动的回话，可以替你解围，更可以助你成功。

会回话才能办好事

生活中,养过宠物的人都知道,安抚宠物时最正确的方法就是顺着毛轻轻抚摩,每当主人做这个动作的时候,宠物就会发出满足的叫声,越发地黏着你。人也是这样,喜欢听顺耳的话。

在与人相处的时候,如果你的想法和对方的想法背道而驰,你希望能够说服对方,但对方又很倔强,这时候你回答的话就要讲究方法了。你绝对不能说出你的真实目的,对方如果发脾气了,你就要吃不了兜着走了。你必须隐藏你的真实目的,用话语感染对方,让对方在不知不觉中放弃自己的见解,接受你的意见。

齐国国君下令修筑新城的城墙,规定期限是15天完工。大臣弘毅负责主管此事。有一个县没有在规定时间内完成,拖延了两天,弘毅就逮捕了这个县的主管,将其关了起来。这位主管的儿子设法解救父亲,就找到管理疆界的官员子高,让子高去替父亲求情。子高答应了这件事。

一天，子高在路上碰见了弘毅，他并没有直接提及为那位主管求情的事，而是和弘毅一同登上城墙，故意左右张望，然后说："这墙修得太漂亮了，真算得上是一个了不起的工程。工程这样大，并且整个工程结束后又未曾处罚过一个人，这确实让人敬佩不已啊。不过，我听说大人将一个县里主管工程的官员叫来审查，我看大可不必，整个工程修建得这样好，出现一点小小的纰漏是不足为奇的，又何必为这点小事影响您的功劳呢？"

弘毅听了子高这一番肯定他工作的话语，心中甚是高兴，又觉得子高的见解也在情理之中，于是便把那个官员给放了。

这个故事中的官员之所以能够获免，都是因为子高一番高明的话语。子高先给予对方真诚的赞扬，然后就事论事，深得要领，不得不令人拍案叫绝。其实，一般人都存在着顺承心理和斥异心理，对那些符合自己心意的事就容易接受，而对那些违逆自己心意的事就不容易接受。因此，在交谈的过程中，应该要注意这个问题。

1949年，陈毅担任了上海市的市长。由于受到长期战争的摧残，再加上西方社会的制裁和封锁，当时的上海面临着严重的困难：青霉素等以前依靠进口的医药用品出现了严重短缺。面对这一情况，陈毅想请当时上海一位很有名望的化学家齐仰之先生"出山",凭借自身的力量制造青霉素。但这位齐老先生是一位典型的理工科学者,长期远离政治,痛恨官场的腐败。在国民党统治时期,政府多次请他"出山"都被他婉言谢绝。陈毅先后派了几位同志去请他,结果都大败而归。为此,陈毅决定亲自上门拜访,以求对方答应。

来到齐仰之先生的住处之后,陈毅并没有谈及青霉素,也没有提请他"出山"的事,而是饶有兴趣地和这位化学家谈起了化学和化工。说到自己的老本行,齐仰之一下就来了兴趣。他心中暗想,没想到这位赫赫有名的大将军不仅能打仗,还懂化学。就这样,双方迅速找到了共同的兴趣点,相谈甚欢。在愉快的交谈中,时间很快就过去了,一个小时以后,陈毅的心里已经知道了该如何去说才能赢得齐老先生的同意,只见他站起来对齐仰之先生说:"齐老先生,今天打搅您不少时间,改天我再登门拜访。下一次,我还要和您谈化学,而且要谈一下您不熟悉的化学。"齐仰之想:我研究了一辈子化学,什么化学我不知道,还有我不熟悉的?于是,无论如何都不放陈毅走,他说:"别下次了,咱们现在就开始谈,谈到天亮都行!"陈毅接着说:"您研究的是自然界的化学,我要谈的是我们共产党的化学,叫作社会变化之学。"

抓住了这一时机,陈毅痛批国民党的弊病,陈述共产党的主张,比较新旧社会的变化,畅谈建设新上海的构想。就这样，双方越谈越亲，越谈越近。最后，陈毅再和盘托出此行的目的，说："您以前不愿意出来做事，那是在腐败的旧社会。今天，我们请您出来做的是利国利民的好事，请您看在老百姓的分上，帮帮我们吧！"这番真心实意的话终于打动了齐仰之，他爽快地答应帮助政府生产青霉素，使得这一阻碍得到了及时消除。

上述事例中我们可以发现，陈毅在交谈的过程中，表现出了高超的回话技巧和卓越的回话能力，对我们在回答别人的问话时有着极其重要的借鉴意义。

第三章
听弦外之音,悟回话之道

射箭要看靶子,弹琴要看听众。回话要根据对方的身份、职业、经历、文化水平、思想、性格、处境、心情等,采取不同的策略,从而达到交流的目的。

因人而异来回话

生活中，我们在和别人交谈时，要清楚听话人的特征，要注意听话人的性别、性格、文化程度、文化背景、心理状态等因素。

如果不了解这些，而是自顾自地乱说一气，就会给自己带来不必要的麻烦，甚至还会惹上杀身之祸。

古代有一个国王，有一天晚上他做了一个梦，梦到自己满嘴的牙都掉了。第二天，他找了两个人来给自己解梦。这个人来了之后，国王就说："我昨天晚上梦见自己满口的牙都掉了，这到底是怎么一回事呢？"第一个解梦的人说："至高无上的主啊，这个梦的意思是，在您所有的亲属中，您将是最长寿的一个。"皇上一听，非常高兴，重重赏赐了这个人。第二个解梦的人说："皇上，这个梦的意思是，在您所有的亲属都死去之后，您才会死，一个都不剩。"皇上一听，龙颜大怒，让人把这个人拉出去重责五十棍。

同样的事情，同样的内容，为什么一个挨打，一个得赏？其实，这都是因为口才的原因。好口才是命运的助推器，可以化解人生危机，摆脱困境。

在人际交往中，要想做一个受欢迎的人，在说话的时候就要注意：说话要讲究艺术，说话要得体，也就是要把话说得适人、适时、适地、适情。话是对人讲的，所以说话要注意"因人而言"，要看对象说话。这也就是俗话所说的，到什么山唱什么歌，见什么人说什么话。因为这样谈话会更具有针对性，容易引起共鸣。职场语言学，就是教人在工作时如何说话，针对不同的人要说不同的话。运用所学的语言艺术，可以让你在公司里说话受到同事的欢迎，至少不会因为说话不当而被炒鱿鱼。

在很多地方和场合说话都要注意自己的语言艺术，这确实是十分重要的。掌握人际交往中的语言艺术并不是一件坏事，它可以让你学会如何与别人交往。之所以说话要看对象，是因为说话总是双向的，不论是在公共场合发表演讲，还是在和朋友，或者刚刚认识的人随意交谈，除了说话人之外，还有听话人。所以，说话人要看对象说话，从对象的不同特点出发，说不同的话，而不能随心所欲，想说什么就说什么，要创造一种和谐、融洽的气氛，才能达到交谈的目的。

在交谈中,注意对象的身份是十分重要的,忽视这一点,往往会引起别人的反感,甚至可能造成不必要的矛盾。

对家人,以及亲朋好友,说话的方式要因人而异,所说对象不同,方式就不一样。李密的《陈情表》写得催人泪下,当然不少人觉得李密这人不厚道,如果真的是这么有孝心的人,干吗用那么多的语言说自己多么凄惨,祖母多么悲凉?这篇文章之所以要这么写,是因为看这篇文章的人是司马炎的缘故。司马炎是篡位之君,本就名不正言不顺,再者,蜀国的很多将士并不是真心归顺,他几次要求李密做官而被拒绝,所以心生疑惑。再加上司马炎疑心十分重,如果李密这次上表不够煽情是会被处死的,所以文章写得过于深情就可以理解了。换言之,如果李密是给诸葛亮或者刘备上表,这样写的话就不合适了。可见,说话不看人,必然词不达意,说了白说。

对于初次相识的人,我们很容易看出来对方的性别、年龄,但是身份、职业、文化水平等,则必须通过语言交谈才能了解。因此,与陌生人见面,首先要做的不是急于说什么,而是先听对方的话语。如果对方彬彬有礼,你也应该文雅、和气、谦逊;如果对方说话很坦诚,你也应该实在,想到什么就说出来,不要拐弯抹角。总之要在了解对象的基础上,说出合适的话。

现在有人说话口无遮拦，甚至不经过大脑思考脱口而出，这样显得很没有内涵。说话不看对象、不分场合经常会给自己招来祸患，或者是埋下祸根。口无遮拦乱说一通给自己带来的只能是"痛苦"，而不会是"快乐"。

注意对象的身份

我国古代有一个"对牛弹琴"的故事,说的就是说话不看对象,说了也是白说。即使你琴艺再高超,牛听不懂,又有什么用呢?

我们回话一定要了解听话者的身份、年龄、职业、爱好、文化水平等诸多方面的情况,只有这样,我们的回话才有意义,才能达到预期的目的。

说话的时候不注意对方的身份,有时候还会招惹不必要的麻烦,让自己和别人陷入尴尬的境地。电影《二子开店》中有这样一个场面:全店进行微笑服务训练,只有老奎笑不出来。小豆说道:"经理说了,不管出了什么事都得笑,就是他亲爹死了,也得笑。"老奎一听,急了:"什么?那我就更笑不出来了!他亲爹死了,我再笑,那不成了诈尸了!"老奎是经理的父亲,听了小豆的话,怎能不急?怎能不发火?小豆说话不看对象,造成了这样一种难堪的局面。

说话时不仅要看对方的身份，也要看对方的年龄，这也是说话时不可忽视的因素。比如在问别人岁数的时候，对不同年龄段的人就要使用不同的问法：

问小孩："你几岁了？"

问同龄人："你多大了？"

问比自己大的中年人："您多大年纪了？"

问七八十岁老人："您高寿？"

对不同的人使用不同的问法，才能达到问话的目的。因此，生活中我们在说话的时候要看对象，对不同的人使用不同的语气。比如对孩子或者同龄人说话，语气要坦诚、亲切；对老年人或者自己的师长，语气要尊重，让他们感觉到你是有教养、懂礼貌的晚辈。

孔子曾经说："可与言而不与之言，失人。不可与言而与之言，失言。知者不失人，亦不失言。""失人"理解为失去了可以说话的对象；"失言"可以理解为这次说话本身就不对。要做到两"不失"，就要在适当的地点、适当的时间、适当的语境，对适当的人说适当的话。

如何回答领导，才能获得信任

现实生活中，我们常常会看到这样的情况：在同一个公司上班的人，付出的勤奋、努力相差无几，有些人很受领导的赏识，很快脱颖而出，有些人却备受冷落。因为前者明白，勤恳、努力很重要，但让领导关注到自己的所有努力更重要。在职场中，做事能力差不多的两个人，语言表达能力不好的那一位，升迁机会往往要比那个既会办事又会说话的人少得多。而在说话能力中，回话能力是重中之重。对领导回话要言简意赅、把握分寸、顾全大体。

王雨年轻干练、活泼开朗，入行还没几年，很快就成了公司里的主力干将。几天前，新老板走马上任，刚刚上班，就把王雨叫了过去，说："王雨，你经验丰富，能力又强，这里有个新项目，你就多费心盯一盯吧！"

受到新老板的器重，王雨内心窃喜不已。恰好这天要去无锡某周边城市谈判，王雨一合计，一行好几个人，坐长途车不方便，人也受累，会影响谈判效果；打车吧，一辆车坐不下，两辆车费用又太高；还是包一辆车好，经济又实惠。

主意定了，王雨却没有直接去办理。几年的职场生涯让她懂得，遇事向老板汇报一声是绝对必要的。

于是，王雨找到老板，说："老板，我觉得……"她把几种方案的利弊分析了一番，接着说："所以呢，我决定包一辆车去！"

汇报完毕，王雨发现老板的脸不知道什么时候黑了下来。他生硬地说："是吗？可是我认为这个方案不太好，你们还是买票坐长途车去吧！"王雨愣住了，她万万没想到，一个如此合情合理的建议竟然被打了"回票"。她实在想不通，完全没道理呀，傻瓜都能看出来第三个方案是最佳的。

王雨凡事多向老板汇报的意识是很可贵的，错就错在措辞不当。王雨说的是："我决定包一辆车去！"在老板面前，说"我决定怎么做"是最犯忌讳的。

如果王雨能这样说："老板，现在我们有三个选择，各有利弊。我个人认为包车比较可行，但我做不了主，您经验丰富，帮我做个决定行吗？"老板听到这样的话，绝对会答应你的请求。

在工作中，谁都有可能在领导面前说错话，虽然偶尔说错话也不至于失去工作，但后果却是很糟糕的。如何跟自己的领导说话，是人际关系中一门重要的学问。如果你能很好地把握与领导说话的火候，拿捏好说话的分寸，你的事业就会一帆风顺。领导毕竟不像一般同事，更何况与一般同事说话也应该注意分寸，不能太无所顾忌。

那么，如果在领导面前一不小心说错了话，该如何采取补救措施呢？在领导面前说错了话，一旦反应过来，就要立即打住，并马上道歉。千万不要因为害怕而回避，应该面对事实，尊重对方，必要时还可以再进行说明。说明时一定要清楚明了，而不必要的辩解只会将事情越描越黑。

在和领导说话的时候，一定要注意措辞。像"无所谓，怎么样都行"这样的话会给领导留下不懂礼貌的印象，少说为好。"您怎么还不清楚？"这句话就算是对关系很要好的朋友来说，也会造成很大的伤害。如果对领导说这样的话，那后果当然就会更加严重了。"辛苦了！"这句话本来应该是上级对下级表示慰问或犒劳时说的，如果你对领导这样说，似乎不太合适。"太晚了！"这句话的意思是嫌领导动作太慢，快要误事了。在领导听来，肯定有"干吗不早点"的责备意味。"这事不好办！"领导分配工作任务下来，而你却说"不好办"，一方面说明自己在推卸责任，另一方面也会让领导没有面子。"您真让我感动！"其实，"感动"一词是领导对下级说的，比如，"你们工作认真负责,不怕吃苦,我很感动。"而下级对上级用"感动"一词,就不太恰当了。尊重领导,你应该说"佩服",比如,"经理,我们都很佩服您的果断!"另外,过度客气有时反而会招致误解。

如何应答同事有分寸

霍斯曼看似无意的举动其实是他精心设计的，因为直接提议更换指数表，可能被工头一口拒绝。对待固执的人如果开门见山，即使磨破嘴皮向他说明新式指数表的优点，工头也不愿意接受。霍斯曼巧妙地运用了欲擒故纵的方法，让工头先对新式指数表产生兴趣，然后再进一步说明其优劣，最终不动声色地让对方主动要求更换指数表。霍斯曼在合适的时机说明了新式指数表的优势，从而使工头自愿使用新式的指数表。

在工作中，我们若想寻求同事的帮助，要善于找到合适的理由，使对方在心理上愿意接受，而不是苦苦哀求。

身在职场，我们必须面对复杂的人际关系，同事之间既互相依赖又互相竞争。在既矛盾又统一的合作背景下，与同事之间进行说话，就必须开诚布公、相互尊重，同时要注意说话技巧，要选择合适的方式，使大家和睦相处，和谐共事。

同事之间交流最多的是工作。为了工作，有争议也很正常，不过要注意，别把"争议"演变成"争吵"。聪明的人知道发脾气是最愚蠢的行为，因为这不但不能解决问题，反而会使自己成为办公室里的"刺猬"。面对争议，以柔克刚是聪明人的做法，这样既不会伤和气，又能达到目的。失去理智的吵闹，甚至用言语攻击对方的做法是缺乏修养的表现。与同事讨论工作的原则是，针对事情而不针对人；要用无可辩驳的事实从容镇定地说服对方。

同事相处难免会产生误会，巧妙地化解这些摩擦，也是一项重要的本领。和同事产生误会后，你首先要做的不是为自己辩解，而是真诚地向对方表明心迹，找到问题的症结，及时解决。在摩擦的端口上，每个人都会有抵触情绪，这时辩解往往越描越黑，起到反作用，在必要的时候可以请别人帮忙调和。

同事间的误会，很多是一时的口无遮拦引起的。与同事相处，首先要注意自身的言行，避免因为口误造成不愉快。如果不小心说话伤了人，一定要及时纠正，避免对方难堪。

有的人喜欢对同事评头论足，这是不成熟的表现，因为每个人都有自己的原则，对别人指手画脚会招来同事的厌烦。搬弄是非、胡说八道更不可取，这样的行为不仅不利于团结，而且会严重影响工作的顺利进行。我们要在办公室里营造和睦的气氛。

与同事相处，话太少不行，人家会认为你不合群、孤僻、不善交往；话多了也不行，容易让别人反感，而且也容易让别人误解，认定你是个乌鸦嘴。所以，说话一定要讲分寸，该说的，一定要说，说得到位；不该说的，一定不说，要恰到好处，适时打住。

不管同事怎样冒犯你，或者你们之间产生什么矛盾，都要"得饶人处且饶人"，多一句，不如少一句，凡事要忍让一些，日后你有什么差错，同事也不会做得太过分，不至于推你走向绝境。

当你偶然发现某位跟你十分投契的同事，竟然在你背后四处散播谣言，数落你的不是和缺点，这时你才猛然觉醒，原来平日的喜眉笑目，完全是对方的表面文章。你会痛心地想：跟他一刀两断吧。然而，大家是同事关系，你若摆出绝交态度，一定会吃亏。别人会以为你主动跟他反目成仇，问题必然出在你身上，这无形中给对方一个借口去伤害你，这样做就太不理智了。

更何况，你俩还有合作机会，上司也最不喜欢下属因私事交恶而影响工作。所以，你应该冷静地面对，千万别说出过火的话来，这样对谁都不利。

"谁人背后无人说，谁人背后不说人。"这话虽然说得有些绝对，却也说明了一个道理，那就是，大多数人都多多少少地在背后说过别人，只是所说的是好话还是坏话就无从考证了。不过，经常在背后说别人坏话的人，肯定不会是受欢迎的人。

凡是有点头脑的人，都会自然而然地这么想：这次你在我面前说别人的坏话，下次你就有可能在别人面前说我的坏话。这样一来，你给别人的印象就不可能好到哪里去。

在职场中，常常会遇到别人在你面前说另一个人的坏话，对此，你就得端正态度，用辩证的思维去考虑这种情况，把握好应对的分寸。

如何与陌生人交谈

很多人在和陌生人交谈时，总是感觉如临大敌一般，羞怯、紧张、局促、手足无措，甚至连挤两句应酬话也生涩，平日的伶牙俐齿、妙语连珠也不知躲到哪里去了。可是，在这个缤纷的社会，不愿、不会、不能与陌生人打交道，如何生存？何况，和陌生人交谈正是克服胆怯心理、提高说话能力的最佳方法。

第一，和陌生人交谈可以体现一个人的自信心。心理学实验表明，人类特性的分布都有一个规律：特别好和特别差的人加在一起占5%左右，中间水平的占95%。也就是说绝大多数的人水平都是差不多的，都是正常水平。和正常的陌生人进行一次交谈，能让我们吸收到新信息，能感受到人与人之间的热情、信任，这些良性的结果必定增强一个人的信心。

第二，和陌生人交谈，还能体现个人独立性。大家都明白，和熟人打交道，说话的方式依附于社会关系，服从说话人的身份，很多时候并非是个人独立意志的表达。和陌生人说话则不一样，互相之间常常作为独立的个体交往，彼此没有切身的利益关系，双方见到的都只是眼前的这个人，不会特殊关照也不会有什么成见，相对客观、平等，这种完全对等的关系，对一个人的人格成长是很有帮助的。

第三，和陌生人交谈，更能锻炼说话能力。熟人之间，彼此都很了解，不会很注意说话的方式和方法。而陌生人之间的交往从零开始，需要有意识地运用沟通技巧来建立关系，多次下来，人际沟通能力和说话能力就会得到提高。

如果我们因为害怕和陌生人交谈而躲着、藏着，那只会永远没有什么出息，惧怕、不敢当众说话的"病症"也只会越来越重。所以，我们应该"逼"着自己多与陌生人交谈，训练自己与陌生人说话的技巧，培养自己能言善辩等能力，以更好地在社会中立足。

李力的妈妈是这样训练孩子的：

儿子刚刚学会说话的时候，她就尽力在任何能够和他人交流的时候，让他先开口说话。

每天刚出门的时候，不管碰到什么人，李力的妈妈都让李力主动打招呼。比如碰到一个老奶奶，妈妈会示意孩子："儿子，说奶奶好！"如果碰到的是老爷爷，就告诉孩子：

"儿子，说爷爷好！"慢慢地，李力每当遇到这种场合就会马上微笑着和人家打招呼，每个和李力打招呼的人都热情地对他说："小朋友好！"并且还表扬他很懂事，这样，李力就养成了跟别人有礼貌地打招呼的好习惯。

李力的妈妈为了更好地锻炼孩子与陌生人打交道的能力，就经常带着李力到朋友家做客。在朋友的家里，李力的妈妈教儿子该如何懂事礼貌地做客人，教儿子和朋友家里不同的人交流和谈话。

在妈妈有意识地培养和训练下，李力上幼儿园时，说话的技巧就很强。有一次，老师为了了解孩子与陌生人交流的能力，特地请了小区里的一个年轻叔叔来幼儿园里做测试。轮到李力的时候，那个陌生叔叔说："小朋友你真可爱，来吃块巧克力。你妈妈今天加班，她让我替她来接你。"

李力听了，微笑地回答道："谢谢叔叔，可是我不认识您，不能随便吃您的东西，我还是去问问老师吧。"躲在旁边听他们对话的老师频频点头。之后，幼儿园的老师表扬了李力，还夸李力的妈妈教育得好。

李力上小学以后，成了班级中最会和同学、老师交流的人，同学们有什么问题总会跟他说，让他帮忙解决。

可见，与陌生人交谈、打交道的能力非常重要。一个人只有学会了与陌生人打交道，才能在以后的生活中更好地与人交往，提高自己的说话技巧。

与陌生人交谈要注意技巧。

第一，寻找能让对方产生共鸣的话题，"黏"住对方。俗话说，"物以类聚，人以群分。"每个人的社交圈，其实都是以自己为圆点，以共同点（年龄、爱好、经历等）为半径构成的无数同心圆，共同点越多，圆与圆之间重叠的面积越大，共同语言也就越多，也最容易引起对方的共鸣。共同之处包括彼此共同的专业、工作、家乡、熟人、兴趣、爱好等。因此，在与对方搭讪时，一定要留意共同点，并不断把共同点扩大，这样谈话才会深入、持久。

第二，多谈对方关心的事情。人们最关心的是自己，这是人类最普遍的心理现象。因此，你必须谈对方所关心的，这样，对方会认为你很关心、体贴他。

第三，态度要谦逊、低调。有的人各方面条件确实不错，但为什么常常在与别人搭讪时遭到冷语？关键就是这些人摆出一副高高在上的姿态。谈起事情来眉飞色舞、夸夸其谈，这是令人讨厌的。一般而言，那些经历坎坷、屡遭不幸，最终通过自己的努力而获得成功的人，最能赢得别人的好感。所以，在与陌生的人交谈时，不妨多谈昔日的坎坷、拼搏的历程，这样往往容易唤起对方的好感。

第四，策划"偶然"事件。有时，你可能没有机会和陌生的意中人接触，更谈不上搭讪，在这样的情况下，你不妨给自己"制造"一个机会。

一个星期六的下午，一位穿着得体、长相英俊的小伙子手捧一束玫瑰，礼貌地敲着一间公寓的门。公寓的主人是德国外交部年轻女秘书凯因斯，打开门后，她面对这位不速之客竟有些不知所措。男士连连道歉："不好意思，我敲错了门，请原谅。"然后，他接着说："请收下这束花，作为我打扰你的补偿。"凯因斯盛情难却，收下了花，并把小伙子邀请进屋。这个"误会"其实是小伙子精心策划的。

"众里寻他千百度，蓦然回首，那人却在灯火阑珊处。"许多时候，在不经意间，你也许能遇上让你怦然心跳的异性。这时，不要因为你羞于开口或者支支吾吾而就此错过一段好姻缘。只要你克服恐惧的心理，并且掌握一些交谈技巧，也许就能开始一段美好的感情。

巧妙回答，为爱情添把盐

英国著名小说家夏洛蒂·勃朗特说："男人是太阳，女人是月亮。太阳和月亮的光糅在一起，就会组成一个美妙的世界。"

但劳伦斯也说过一句话，徜徉在爱情这个美妙世界里的人有必要记住："世俗生活中最有价值的就是幽默感。作为世俗生活的一部分，爱情生活也需要幽默感。过分的激情或过度的严肃都是错误的，两者都不能持久。"这就是说，如果夫妻两个人或一个完整的家庭缺少说说笑笑的快乐，这样的婚姻或家庭是不会幸福的。

如果爱情乏了味，我们就得给爱情加把盐。学会说说笑笑，就是那把能调出美味的盐。

如何为爱情添一把盐？我们首先要明白，大多时候，女人往往是家庭的统治者，即使她没有统治家庭，那也要在外表上看起来是这样，以满足她们的统治欲和虚荣心。哪怕是伟人的夫人也不例外。

一次宴会上，林肯和他的夫人面对面坐着。林肯的一只手在桌上来回移动，两个手指头向着他夫人的方向弯曲。

旁人对此十分好奇，就问林肯夫人："您丈夫为何这样若有所思地看着您？他弯曲的手指，来回移动又是什么意思呢？"

"那很明显，"林肯夫人答道，"离家前我俩发生了小小的争吵，现在他正在向我承认那是他的过错，那两个弯曲的手指表示他正跪着双膝向我道歉呢。"

彼得在当匹兹堡市市长的时候，一天，他和妻子兰茜去视察一处建筑工地，一个建筑工人冲着他们叫起来："兰茜，你还记得我吗？读高中的时候，我们常常约会呢！"

事后，彼得嘲弄地说："嫁给我算你运气好，你本来该是建筑工人的老婆，而不是市长夫人。"

兰茜反唇相讥道："你应该庆幸跟我结了婚，要不然，匹兹堡市的市长就是他了。"

女人即使不能统治家庭，也会特别关注自己在丈夫心目中的地位，她们用各种话语来试探丈夫爱不爱她，却常常遇到男人机智而幽默的回答。

妻子："我和你结婚，你猜有几个男人在失望呢？"

丈夫："大概只有我一个人吧。"

在现实生活中,怕老婆对男人来说是一件不光彩的事,常常被朋友或同事视作笑料。而在社交中有些人却能巧妙地调侃自己,树立自己可爱的形象。因此,"怕老婆"这一主题常能演绎出许多笑话。

某新婚夫妇,洞房内贴有家规,上面写着:第一条:太太永远是对的。第二条:如果太太错了,请参阅第一条。

又如下面这段夫妻对话:

妻子:"你在外面很少喝酒,为何在家里拼命地喝呢?"

丈夫:"我听说酒能壮胆。"

能说会笑的人不怕在众人面前表现自己"怕老婆"。我们来看下面二人的对话:

比尔:"在公司里你是干什么的?"

赫德:"在公司里我是头。"

比尔:"这我相信,但在家里呢?"

赫德:"我当然也是头。"

比尔:"那你的夫人呢?"

赫德:"她是脖子。"

比尔:"那是为什么呢?"

赫德:"因为头想转动的话,得听从脖子。"

如此妙答,当然引得人们捧腹大笑,也间接地暗示了他对婚姻之满意,如果他的夫人真的如传闻的那样,他也许并不会自我调侃了。

男人喝酒,常常会受到妻子的责骂,如果能巧妙地回话也能很好地解脱。

一个酒徒在外面喝多了酒,很晚才回到家。他忘记了带钥匙,于是只好敲门。

妻子怒气冲冲地打开门说道:"对不起,我丈夫不在家。"

"那好,我明天再来。"酒徒说完,装出转身要走的样子。

丈夫的一句说笑,终于使妻子化怒为笑。这时夫妻两个人都不会去抓住喝酒的事不放,而去享受两个人之间的情趣。

做家务事,也是家庭生活中必不可少的,而许多做丈夫的却是大男子主义,把家务推到妻子身上,似乎妻子天生愿意做和应该做。其实哪个妻子心甘情愿长期做劳累的家务呢?所以,聪明的妻子应把家务活给丈夫分一点,用自己的智慧往往能使丈夫心服口服地去做,心甘情愿地去做,并且是高高兴兴地去做。

请看这位妻子是如何让丈夫去做家务的:

妻子:"亲爱的,你能把昨天晚上换下来的衣服洗一下吗?"

丈夫:"不,我还没睡醒呢!"

妻子:"我只不过是考验你一下,其实衣服都已经洗好了。"

丈夫："我也只是和你开玩笑，其实我很愿意帮你洗衣服的。"

妻子："我也是在和你开玩笑，既然你愿意，那就请你快去干吧！"

丈夫此时不得不佩服妻子的回话，高兴地去干家务了。

如果家庭中有时碰到什么尴尬的事情，也不妨在笑中将其轻轻化解。

有一天，怀孕的妻子指着自己的肚子，向丈夫提出一个伤脑筋的问题："能不能在小孩一出生就看出孩子长大后会成为什么样子？"

丈夫想了想答道："这很简单。如果是个小姑娘，长大一定是个妇女；如果是个小男孩，长大就是个男人。"

真正回答妻子的提问，对一般人来说是比较难的，如自作聪明答得不好，会引起二人心中不快。这里丈夫把妻子本来问的意思转移到男女性别问题上，换成一个非常容易回答的问题，顿时妙趣横生。

如何应答老年人和小孩

一个年轻人和一个与自己年龄、兴趣、爱好相差很远的老人交谈时，实在很难产生共鸣。在这种场合，同情与了解仍然可以发生作用。如果你不以自己的兴趣为主，同情一位孤独老者不幸的处境，你可以把他当作自己家庭中的一个长辈。你了解到他的老友都已故去，而他的爱侣也已不在身旁，你会愿意安慰他，和他共享一段沉浸在美好记忆里的时光。

老年人都喜欢追怀往事，如果你能启发他谈谈自己的过去，不但对他来说是一件很快乐的事，对你又何尝不是一个难得的机会，能够听到一个人亲口告诉你三十年前，或是五十年前的亲身经历。经过岁月的侵蚀，那些往事仍留在老者的心中，多半是一些给他印象深刻的、有趣的、动人的故事。

有些老年人仍然关心现在的社会生活，对于报纸上的新闻仍然感兴趣。那么，就应该让他们把现在的事和过去的事做个比较。这不但是他们最喜欢的，同时也是一般人最感兴趣的。懂得生活的人会在别人认为毫无兴趣的地方，找出兴趣来。

如果你想和他们玩个小花样，那么你一定要记住，他们已经历了半个多世纪，阅历极丰富，他们很可能一眼就洞穿你的心底，因此你一定要格外尊重、爱戴他们。你和他们多谈谈，必然是有益的。他们有很多书本上看不到的经验和故事。

多数老年人，到了暮年，对人、对事仍保持热情。他们经历岁月的考验，仍然热爱他们的生命。

其实，我们和他们有着谈不完的话题。他们所能给我们最珍贵的礼物，就是他们寄予我们的殷切希望。你可以热情地请他们针对国家的发展、社会的进步及科学技术的快速变化发表自己的意见。问他们是不是认为我们该回到大家庭的生活方式？他们是否愿意协助抚养小孩？他们对如今妇女参政当领导持什么看法？对年轻人的服装有何意见？对工厂四处林立，河水受了污染，以致人不能再在河里游泳，是不是很遗憾？计划生育是社会所需要的吗？当今社会上的一切现象，你都可以请他们发表意见，他们的看法不会与社会脱节。你还可以请他们多谈谈过去的经历。这可以说是非常有效的办法，因为当人们回忆他们快乐的时光时，他们就会打开话匣子并获得更多快乐。

你还可以请他们谈谈他过去最喜爱的广播节目,他们第一次乘地铁、坐飞机时的感觉,他们所看过的第一部影片是什么。你也可以请他们谈谈,他们年轻时玩什么游戏,学校是什么样子,以及他们印象中的祖父母。问他们脑子里记得最清楚的伟人是谁,最敬爱的伟人是谁,最不喜欢的是谁。问他们当年如何向异性表示仰慕。问他们踏进社会后从事的第一件工作是什么,虽然他们没有变成大人物或大亨,但每个人都会喜欢谈他的第一个工作岗位。

你对他过度虔敬和赞美,就会使老人觉得自己真的是老人,不中用了。因此,你与他们交谈时,如果你不同意他们的观点,不妨告诉他们你的看法。

老年人有时听力较弱,因此你和他们讲话,音量要放大,说话速度要缓慢,发音要清楚。可是你不要因此而用些流行的词汇,也不要尽谈一些琐碎的事情。这是听力不好的老人最忌讳的事情,实际上他们并不糊涂,甚至更精明。

当你们谈得甚为融洽,而你想不失礼地告退时,你应该怎么办?我们平常和人谈话,当一方谈话谈久了,而听的人也听厌了时,随便找个借口或随便做个暗示,如起身倒杯水喝或起身打个呵欠,对方自然就会明白谈话该结束了。可是,有时老年人在兴致头上,很可能忽略你的暗示。此时,你也无须强自忍耐对方无休止的"轰炸"。你等他们说完一段话，只要你觉得听够了，你便可以说明告退的原因。千万不要迟疑，因为你一迟疑，他们可能就又开始另一个故事了。

我们不要误认为所有的青少年都是相似的，他们的性格各有所异，并不相似，所以你不宜开口就抱怨，你们这些年轻人……似乎认为今天的年轻人完全都……你也不宜一开始就大谈特谈少数不良的青少年沉迷电子游戏或泡网吧等，因为多数要求上进的年轻人并不玩这一套，你谈的这些问题，会使他们觉得你并不理解他们，反而加深了与年轻人的代沟。还有对于年轻人蓄发的问题，如果你已经和年轻人谈得很投机了，你不妨和他谈谈你对蓄发的看法。但是如果你上来就批判留长发如何不好，他就会对你打个问号，认为你是不是在怪他没教养，还是怪他不学好。

根据年轻人留长发而推断他的品性不好，这是不合理的。有时往往表面上调皮的孩子，反倒是富有正义感的。而衣服穿得整整齐齐的孩子，看起来是模范少年，其实可能是暗中捣乱的孩子。

你和年轻人交谈，并不需要模仿他们的术语，或打扮得和他们一样。很多人认为用孩子话和孩子交谈，可缩短彼此间的距离。这并非没有道理。可是社会上已经有够多的年轻人了，因此我们还是扮演我们的成人角色吧。更不要紧盯着问年轻人和异性之间的关系，这其实不干你的事，除非你是他们的父母，更何况他们也有自己隐私的权利。要知道，当你和青少年谈话时，你只有抓住他们生活中最感兴趣的事，才是最佳的选择。你如果不能适当地和青少年交谈，那么请你换一种方式，应该会对你有所帮助。

你谈话的对象，若是一位年轻女孩，你可以问她对于多数女孩的披肩长发有何看法。她的朋友们对交异性朋友持开放还是保守的态度？她喜不喜欢幻想？和前一代的青少年相比，她是否认为他们这一代有了改变呢？

对于年轻人应遵循的行为标准，成人要严肃认真地向年轻人讲清楚。如果你不赞成他们饮酒，那就不要装出一副好人的面孔允许他们饮酒。如果你想让年轻人按时回家或早睡，那么你就要和他们相互交谈后，共同制定一个规定，并明确地要求他们必须遵守。如果你的十几岁女儿到什么地方去，你必须要对她讲明，父母不是要干预她的活动，而是对她的行为和安全负责，确知她去的地方，同时毫不犹豫地问她还有哪些人和她同去。

如果你善于与年轻人交流、沟通，你的一言一行都会深深地印在他们的脑海中，铭刻在他们的心中，甚至会记住一辈子。

投其所好，回得高妙

生活中，常常会有朋友之间相互倾诉心事。朋友在跟你诉说心事的时候，是想要你给他一些建议或者安慰。这个时候你说的话就要注意了，不要在不知不觉中把自己的得意在朋友面前表露出来。也许你的本意只是想借自己的事情鼓励朋友，但是对方可不一定会理解你的意思，在他看来，会觉得你是在嘲笑他，从而对你产生误会，影响你们的交情。因此，讲话的时候要慎重，即使是朋友之间也不例外。

古语有云："知己知彼，百战不殆。"出去找工作面试的时候，就好比一场试探性的战斗，战斗的双方就是面试单位的主考官和参加面试的你。在写履历表时，要时刻记住你是在一个商业环境中推销自己，要尽量使用适合这种环境的语言，尤其是在对你的曾经的业绩和成就进行说明的时候。

时代在改变，某些求职用词也在改变。像"我对这个工作很有信心。""请给我一个学习的机会。"等，这些美丽的辞藻或许会把你难得的机会"哄跑"。

对于没有经验的人来说，除了学历之外一无所有，再加上那些错误的用语，这机缘一失，可能很多时间都不一定能弥补得回来。现在外资企业渐多，传统公司要求的谦虚、保守等品质，已经无法适合需求了。

要想每投必中，说话要投其所好是填写履历时必需的原则。公司想知道的是你能为公司带来什么利益、贡献或成绩，并不想花钱请你来学习。

因此在说话的时候，要抓住别人的特点，投其所好。如果忽略别人的性格，勉强他们做不适合的差事，结果受挫折的将是自己。

著名的"钓鱼效应"就是指一个人把自己的内心需要转化为相应的行为。钓鱼的时候如果不用鱼饵，鱼是不会上钩的，人也是一样。著名的口才大师卡耐基说："即使你喜欢吃香蕉、三明治，也不能用这些去钓鱼，因为鱼不喜欢它们，你想钓到鱼就必须下鱼饵才行。"要和对方和平相处，并得到对方的认同，甚至化解自己的危机，就要彻底了解对方的所"好"，知己知彼，真正做到迎合对方，投其所好。

在人际交往中，说话投其所好、避人所忌是一种高超的表达技巧。俗话说："人逢知己千杯少，话不投机半句多。"要想获得良好的人际关系，在说话的时候就要说对方感兴趣的话题，用动听的语言打动对方的心。在交往中，当人们的观点一致时，就会产生一种相互肯定、信任的感觉。反之，就会彼此否定，产生防备心理。生活中，那些在人际交往中左右逢源的人，就是在和别人沟通之前先观察揣摩对方的喜好，然后尽量地迎合别人，满足别人的欲望。在交谈中，对于自己不感兴趣的话题，一般人都不会有太大的热情，而如果碰到自己感兴趣的话题，就会兴致高昂，积极参与。因此，在和别人谈话的时候，我们要抓住对方的这种心理，深刻地了解对方，并与对方和谐相处，从而实现进一步的交流。

美国前几届总统西奥多·罗斯福就是一个很能掌握其中奥妙的人，与他打过交道的人对此都印象深刻。哥马利尔·布雷弗曾经在一篇文章中这样写道："无论对方是一名牛仔还是一位骑兵，是纽约政客还是外交官，罗斯福都知道对他说什么话。"他之所以可以做到这样得心应手，就是因为他会在对方到来的前一天晚上仔细翻阅有关对方特别感兴趣的话题的资料，这样在交谈的时候，就很容易找准话题，与对方产生共鸣。

卡耐基也曾经说过："如果想要和他人顺利沟通，并成功地获得他人的好感和认同，最好的方法就是和对方谈论他感兴趣的话题。"事实就是这样，在谈话中，如果双方所交谈的话题是交谈者自己感兴趣的话题，他就会投入十二分的热情，但是如果他对所说的话题没有丝毫兴趣，即使场面再大，对方热情再高涨，也会觉得无趣。此外，在交流过程中，我们也要学会通过对方的手势、姿势、表情以及当时的反应，去分析对方的感情变化，体会对方的话语意义，要知道对方说话时的感受要比他的话语本身更重要。

第四章
用心搭话,还须适宜

回话,看似平淡无奇,实际上却是一门相当高深的学问,如何把话回得动听,如何把话回到对方的心坎里,是一件相当不容易的事。

智者选择回话时机

有这样一个故事：

有一天，国王在和大臣们讨论问题的时候，国王问大臣们："谁能告诉我，这个世界上最难的事情是什么？"大臣们七嘴八舌，其中一个大臣回答说："臣以为，世界上最难的事情是回话。"这位大臣还有一句话没有说出来：回话很难，回答国王的问话是难上加难。

其实，回话难也不难，只要把握好回话的时机，回话就会变得很容易。

有一次，墨子的一个学生子禽问墨子："老师，您认为回话多好还是回话少好？"墨子回答他说："你看那些生活在水边的青蛙，还有苍蝇，它们不分白昼黑夜，总是叫个不停，以此来显示自己的存在。然而，即使它们叫得口干舌燥、疲惫不堪，也没有人会去注意它们到底在叫什么，因为人们已经对这些声音充耳不闻了。但是你再看看雄鸡，它只是在每天黎明到来的时候按时啼叫,然而,雄鸡一唱天下白,天地都要为之震动,人人闻鸡起舞,纷纷开始新一天的劳作。两相对比,你以为多回话能有什么好处吗?只有准确把握说话的时机,努力把话说到点子上,这样才能引起人们的注意,达到预想的效果啊!"子禽听了墨子的这番教诲,非常赞同,频频点头称是。

现实生活中,有很多人问话和回话都是不顾时间、地点与场合,想到什么说什么,常常把别人和自己置于尴尬的境地。台湾著名成功学家林道安曾经说过:"如果一个人不会说话,那是因为他不知道对方需要听什么样的话;假如你能像一个侦察兵一样看透对方的心理活动,你就知道说话的力量有多么巨大了!"

另外,一个人回答的方式还可以反映出其情商的高低。情商比较低的人,在回话的时候,总喜欢把"我"字放在前边,这样的说话方式,往往是不受人欢迎的;而情商高的人,在说话的时候,会注意记得把"您"字放在前边,这样的说话方式很容易给人留下好印象,让自己获得好的人缘。在和别人交谈的时候,应当多以他人为主题、多尊重别人。有口无心,贪图一时口舌之快,只顾盲目发泄,只能表现出这个人愚蠢、幼稚。所以,回话的时候要看时机。这样,才能让自己成为一个受人欢迎的人。

把握时机，达成目的

在日常生活中，我们常常需要表达出自己的意见。在表达自己的意见的时候，要选择一个好时机，这样别人才容易接受你的意见。选择恰当的时机，进行恰当表达，则能够带来事半功倍的效果。假如不择时机地提意见，结果可能会引起别人的反感。因此，任何话都要三思而后说，不是什么时候都可以提意见的。该说的话，也要注意时机。《触龙说赵太后》一文中，触龙就很会把握说话的时机，最终说服了太后。

赵太后刚刚执政，秦国就加紧攻赵。赵国向齐国求救。齐国说："一定要把长安君作为人质，才派兵。"赵太后不肯答应，大臣们极力劝说，太后对左右的人说："有哪个再来说要长安君为人质的，我就要把唾沫吐在他的脸上。"

左师触龙希望进见太后，太后气冲冲地等着他。触龙来到宫中，慢慢地小跑着到了太后跟前谢罪道："我脚有毛病，不能快步地走。好久都没见您了,私下里我还自己原谅自己。我怕您玉体欠安,所以想来见见您。"太后道:"我靠车子才能行动。"触龙又问:"每日饮食该没减少吧?"太后道:"不过吃点稀饭罢了。"触龙说:"我近来很不想吃什么,勉强散散步,每天走三四里,稍稍增加了一些食欲,身体也舒畅了些。"太后说:"我做不到啊。"太后的怒色稍稍地消了些。

触龙又说:"老臣的贱子舒祺年岁最小,不成器得很,而我已经衰老了,心里很怜爱他,希望他能当一名卫士,来保卫王宫。我特冒死来向您禀告。"太后答道:"好吧。他多大了?"触龙道:"十五岁了。不过,虽然他还小,我却希望在我没死之前把他托付给您。"太后问道:"你们男人也爱小儿子吗?"触龙答道:"比女人还爱得很哩!"太后答道:"女人格外疼爱小儿子。"触龙说:"我私下认为您对燕后的爱怜超过了对长安君。"太后道:"您说错了,我对燕后的爱远远赶不上对长安君啊!"触龙言道:"父母疼爱自己的孩子,就必须为他考虑长远些。您把燕后嫁出去的时候,拉着她的脚跟,还为她哭泣,不让她走,想着她远嫁,您十分悲伤,那场景令人伤心。燕后走了,您不是不想念她。可是祭祀时为她祝福,说:'千万别让她回来。'您这样做难道不是为她长远考虑,希望她有子孙能相继为燕王吗?"太后答道:"是这样。"

左师触龙又说:"从现在的赵王上推三代,直到赵氏从大夫封为国君为止,历代赵国国君的子孙受封为侯的人,他们的后嗣继承其封爵的,还有存在的吗?"太后答道:"没有。"触龙又问:"不只是赵国,其他诸侯国有这种情况吗?"太后道:"我还没听说过。"触龙说道:"他们当中祸患来得早的就会落到自己身上;祸患来得晚的就会累及子孙。难道国君的子孙一定都不好吗?他们地位尊贵,却无功于国;俸禄优厚,却毫无劳绩,而他们又持有许多珍宝。现在您使长安君地位尊贵,把肥沃的土地封给他,赐给他很多宝物,可是不趁现在使他有功于国,有朝一日您不在了,长安君凭什么在赵国立身呢?我觉得您为长安君考虑得太短浅了,所以认为您对他的爱不及对燕后啊!"太后答道:"行了,任凭您指派他吧。"于是为长安君准备了上百辆车子,到齐国做人质。齐国派兵救赵。

能在最适宜的时机,说出最适宜的话,这才是最会说话的人。否则,如果说话的时机把握得不好,那你说出的话再漂亮,也是没用的废话。

最佳时机，不可错过

我们每天都会说很多话，说话看似平淡无奇，实际上却是一门相当高深的学问，要如何把话说得动听，如何把话说到对方的心窝里，让对方心悦诚服，的确是一件很不容易的事。有些人天生急性子，说话总是不经过大脑，脱口而出。说出去的话就像泼出去的水，等到说错话的时候再来挽救，已经来不及了；有些人信奉"沉默是金"，该说话的时候也不说，不懂得把握说话的适当时机，结果往往错过许多说话的大好机会。

说话要把握最好的时机，要把话说得恰到好处。卡耐基强调最重要的一点就是把握住说话的时机。孔子在《论语·季氏篇》里说："言未及之而言谓之躁，言及之而不言谓之隐，未见颜色而言谓之瞽。"意思就是说：话还没说到那里，就发言了，是毛躁的表现；话题已经说到这里，你本来应该继续往下说，但是你却吞吞吐吐、遮遮掩掩，这是隐瞒；说话不看别人的脸色，张口就说，这叫闭着眼睛说瞎话。这三种情况都是因为说话不看时机。说话是直接的语言交流，从来就不是一个人的事。两个人面对面，还要受到周围环境的种种限制。该说话的时候不说，就会失去大好的机会。把握好说话的时机，把话说到点子上，事情可能很快就办成了。说话时机的把握，有时就在瞬息之间，时不我待，时不再来。因此，把握好说话的时机，比掌握、运用其他说话技巧更难、更重要。

说话的时境包括自然环境、社会环境、心理环境、语言环境，涉及的范围相当广，可以说，一个人说话是以整个社会生活为背景的。要把握好说话的时机，就不能不对说话时境与说话行为之间的变化规律及特点有一个基本的认识。

在职场中，很多的时候都不是非黑即白、非此即彼的事情。因此，职场人要学会在最合适的时候对最合适的人用最合适的方法说话。一个人热情开朗，能在很多场合充分表现自己，是一件好事。但是如果说话过度，不看时机，就会惹人厌烦了。

笑笑热情、开朗、不拘小节，刚刚参加工作不久。笑笑有一个关系很要好的朋友小米，她们一起上班、下班，形影不离。但是最近一段时间，上下班她们都各走各的，在公司也互不理睬，办公室的人觉得很奇怪，一打听，原来她们两个因为一件事情闹了别扭。

事情的起因是公司要开招待会，答谢客户。小米的手里刚好有一个策划案，她想借此机会向圈内一位小有名气的策划人指教。于是将他也列入了邀请名单。笑笑看到邀请名单之后，也很兴奋，说这个人的确很厉害，自己也想见一见。

于是在招待会那天，小米就向策划人引荐了笑笑。笑笑看到策划人之后，立即变得很兴奋。笑笑反而变成了主角，跟策划人聊她认为成功或失败的案例。小米在旁边根本插不上话。小米拼命地想把话题往自己的策划案上引，但是笑笑不懂小米的用意，依然滔滔不绝，不仅小米开不了口，连别人也只有笑着听的份。

他们聊得很热闹，其他人也被吸引了，大家纷纷聚拢过来聊天。从自驾车出游到楼市的涨落，从美国的外交政策到好莱坞明星，不管说到哪里，笑笑都口若悬河。

最后，小米实在忍无可忍，拂袖而去。她事先准备了好几天的策划案，就在笑笑的舌灿莲花中化为泡影。

说话的时候要看时机，该说的时候说，不该说的时候就要闭好自己的嘴巴。尤其是在职场中，很多时候，回话要看时机，要谨慎。涉及个人的话题要慎重，自己的秘密也不要轻易地告诉别人，以免留下话柄。

不回废话，一语中的

在这个竞争激烈的社会中，要力争上游，就要善于表现自己，让自己成为焦点。说话是引起别人注意最直截了当的方式。不要害怕别人批评你喜欢表功，而是要关注自己的努力是不是有人注意到了，自己的才华是不是被埋没于无形中。要想办法做个"有声音的人"，来引起老板的注意。在向老板汇报工作的时候，要讲究方法，先说结论，如时间够充分，再细细地谈论。如果是书面报告，不要忘记在上面签上自己的名字。此外，还要设法将成绩告诉你的同事或是下属，他们的宣传效果远比你自己的宣传好得多。把握好会议时的发言机会也是至关重要的，因为会议是同事、主管、老板及客户之间不可多得的沟通渠道，会议发言是展现能力和才华的大好时机。

人与人之间沟通的最主要的媒介是语言。一天的二十四小时中，除了睡觉时间，大部分时间都在与人交流，所以语言也就成了人生活当中重要的工具。说话很容易,张张嘴就可以了。但是,要把话说得有水平,说得恰到好处,就不是一件容易的事情了。很多人在说话的时候不考虑后果,想什么就说什么,不去思考这些话说出去会产生什么样的影响,甚至根本不清楚自己说这些话的意义和目的,这样可能直接或者间接地造成了很多过失。当然,造成这样的过失的人都有一个通病:好自夸、充内行;得理不饶人,说话尖酸刻薄,让别人下不来台。更有过分的是:有些人为了满足自己的好奇心,想尽办法打听别人的隐私,知道后又大肆宣扬,破坏别人的声誉。还有一些人口是心非,喜欢阿谀奉承。

在职场上,很多人都面临着这样一个问题:想要加薪,但又不知该如何向上司开口。这个话题比较敏感,说的时候审时度势就变得很重要。只有在时间、地点、场合都对的条件下提出来,才有可能达到目的。否则,贸然说出来,只会让老板觉得反感,认为你不懂事。

有社会经验的人都知道,面对不同的对象、不同的事情,在不同的时间,说话的方式是不一样的。沟通的技巧要视情况而定。比如在某些时候,要先听后说;而在另外一些时候,要先表明自己的立场和观点,等等。沟通技巧有很多,我们要根据每一个人的背景、经验以及所处时机的不同,采取不同的说话方式和处事方式。一句同样的话,在不同的时间、场合说出来，就会产生不同的效果。

有一次李明和同学张翔一起参加一位因病早逝的同学的丧礼。丧礼结束之后，李明对着张翔问了一句："你的事准备什么时候办？"张翔先是一愣，随即明白李明问的是自己的婚事，一时间有些不知道怎么回答，场面甚是尴尬。如果不是因为刚刚参加完丧礼，这句问候是表示关切的。然而在这个时间问出来，却会让对方觉得很别扭。

回话的时候要把握好回话的时机，在适当的时候说适当的话。这样说出来的话才有价值，也才能达到目的。否则，就会造成不好的影响。

在和别人交流的时候，也要注意自己声音的强弱。回答的声音太大，会给人很不舒服的感觉。哪怕你回的话很有价值，对方也不见得会接受。毕竟咄咄逼人的声调，只会让人敬而远之，根本无法达到回话的目的。注意声音的强弱，才能让回答的话达到实质的效果。

抓住重点，回话有方

回话最重要的是要有重点，否则说了一大堆话，不仅达不到目的，还浪费时间。两个人在吵架的时候，往往是没有重点的。因此在回话时，一定要掌握重点。话说得过多，就可能把重点给掩盖了，反而失去说话的意义。

虽然我们并不需要成为演说家或谈判能手，但是，我们也应该建立一种适当的说话方式，如此才能拥有良好的人际关系。也才能让说的话发挥作用，否则所说的话都会变成废话。

如果你说的话，让别人听不懂，就可能是因为你没有说到重点。这个时候你一定要重新审视自己说话的内容，而不是自说自话，让冷静的思想配合理性的说话术，才能让自己的见解得到别人的肯定。

有一位叫秦武的男孩，长得又高又壮，他的父母亲担心他在学校会欺负人，所以对他的要求非常严格。要他学会忍耐,要他与人为善。结果同学们都以为他光长个儿不长力,经常欺负他。秦武对父亲说:"我真想狠狠地揍他们,但我知道这样做妈妈会生气。"父亲没有理会他。很快两年过去了,秦武又向父亲诉说自己的委屈。这时,父亲感觉时机成熟了,就对他说:"使用武力并不能解决问题,你可以通过其他的方式解决。要让你的同学们知道,你是有自尊的。为了维护自尊,你不能再忍受他们的欺负了。"秦武记住了父亲的话,当那几个经常欺负他的孩子像往常一样戏弄他的时候,秦武并没有像往常一样站在那里忍受奚落,而是先用语言警告他们。结果越是警告,他们越放肆,秦武"被迫出手",把其中两个紧紧摁在篮球场上,但没有打他俩,只等他俩告饶为止。后来,秦武和那两个孩子都各自承认了自己的错误,并握手言和。

试想,如果秦武的父母亲在他还没有练得一定素养的时候,就允许他对欺负他的同学"自卫还击"的话,那秦武肯定会对那些人大打出手。秦武的父亲选择那样的时机教导秦武,让他"通过其他的方式"解决问题,其主要原因大概就在于他认为自己的孩子已经知道怎样把握好分寸了。

在现实生活中,有很多人自不量力,喜好幻想。然而,幻想的东西本是虚无缥缈的,不能和现实混为一谈。生活中,相信很多人都有过这样的经历:在得意忘形的时候,说自己从来没犯过什么错误，跟着就会犯错误。如果说这是巧合的话，为什么这种巧合总是用于惩罚说话不讲时机，尤其把大话说在时间前面的人呢？有人辩解道：这正是上帝的旨意，因为上帝是不喜欢不分时宜地讲大话、吹牛皮的人的。然而事实的关键是此前你是否知道什么话该在什么时机说。所以每个人在说话的时候，都要把握讲话的时机，以免给自己造成不必要的麻烦。

说话是一种权利，更是一种责任。"夫者存亡，嘴舌有责。""嘴舌"作为一个人存亡的不可忽视的部分，与权责不可割断。但人有说话的权责并不说明人就可以毫无顾忌地胡言乱语。古人说："舌为利害本，嘴为祸福门。"就是提醒人们：一个人说话的水平，在很多时候会决定一个人的命运。好话可以利己利人，坏话则害己害人。其实，好话、坏话本身并无明确之分，关键是在什么时机说出来。一个人会不会为人处事，关键是看他会不会说话。把握好说话的分寸，能使人与人之间相处得和谐，如果把握不好，就会导致各种不良的后果。就分寸的本义而言，它就是一种不偏不倚、可进可退的中庸哲学。说话时把握好分寸，正是这种哲学的实际应用。

说话选择时机和为人处事一样，时机的"分寸"是无所不在的。为人处事讲究的是要视时机、事件、对象和场合而定的。在与人相处的过程中，如果说话的时机把握不好，他的话就很难打动他人，求人帮忙时就更难说服他人，更别说做到愉快地与人交往了。既然是交往，那么在语言上就应该与人为善，同时也应该学会维护彼此的尊严和权利。要做到二者兼顾，就必须把握好每一句话说出口的时机。

职场明星是超级沟通家，但不表示他喋喋不休，他们知道在适当时机、用适当语言说话。在提出报告、写备忘录、和人交谈时，他们会去了解哪种语言能打动听众，哪种语言会产生预想的效果。对有些事情，不能够太过执着，有效的方式是在适当的场合、适当的时机，以适当的方式表达自己的观点。

该说"不"时就说"不"

在生活中，我们常常会拒绝一些事或者一些人。比如，好不容易有了一个周末，正想好好休息一下，推销员却不期而至，说"给您送礼物来了"，对着你死缠烂打；电话铃忽然响了，是某家电器公司的推销人员，向你介绍一种最新产品，是如何的物美价廉；本来经济就有点紧张，却有朋友告诉您"××要结婚了，我们是否去祝贺一下"；当你正在办公室聚精会神地工作，来了一位工作刚告一段落的同事对你说："休息一下，别那么累。"刚送走这位同事，另一位同事又过来了，想和你聊聊天。如果你对他们都热情地奉陪到底，那么这半天就泡汤了，什么事都做不成了。对付"聊天客"，你可以说："真抱歉，今天的工作特别多，再不加班加点就完不成了。"稍微知趣点的人，都会立即退出办公室。在生活中，说"不"是一门艺术，是需要技巧的。因为很多时候，拒绝比接受要困难得多。

当我们对上司、对朋友使用"不"时,一定要面带微笑,语气亲切。即使是面对素不相识的营销人员,也要讲究方式和方法。

在生活中,要学会一些说"不"的技巧。尤其是对来自亲戚朋友的请求,更要学会一些拒绝的技巧。假如我们担心老朋友埋怨我们不近人情,害怕别人说我们不愿意帮助人,因为怕伤害别人的自尊心或者怕拒绝别人给别人带来不愉快的感受,便轻易答应别人,结果反而会使自己陷于无穷的烦恼和纠缠中不能自拔,这样不只浪费了自己的时间,还浪费了自己的精力。

当你在拒绝朋友的请求的时候,一定要讲究方法。态度要温和,尽管说"不"是自己的权利,但仍然要先说"非常抱歉"或者说"实在对不起",然后再详细陈述自己不能"帮忙"的各种理由。这样,才不至于让朋友面子上特别过不去,在情感上也比较容易接受。

在拒绝朋友的时候,你要让对方感觉到:你拒绝的是这件"事",而不是拒绝他这个人。要让朋友感觉到,虽然这件"事情"被拒绝了,但在你心里,他还是你很要好的朋友。你可以这样对他说:"这件事我非常乐意干,但是很不巧,现在我的手头上有一件急事要处理,实在脱不开身。下次你再有这样的美差,我一定干。"你还可以这样说:"这几天我实在脱不开身，你是否请小赵过来帮忙，他在这方面业务比我精通。你若是不便找他，我可以代你向他求助。"

在拒绝朋友的请求的时候，语气不要太生硬。要让朋友意识到你是为了他的"利益"而拒绝的。你可以这样说："我非常同情你，也非常想帮助你，但对这件事我并不在行，一旦干坏了，既耽误了工作，又浪费了财物，影响也不好。你不如找一个更稳妥的人办。"或者说："你的事限定的时间太短了，我若轻易接下来，在这么短的时间内，肯定干不好。你可以先找别人，实在不行了咱俩再商量。"即使这位朋友转了一圈回来再求你，你已有言在先，这时你就可以提出一些诸如推迟完成日期之类的条件。如果这位朋友认为不行，他自己就会另请高明去了。

如果朋友请求你帮助的事情确实考虑不周，你还可以耐心地、实事求是地给朋友分析这件事做与不做的利弊。让朋友自己得出"暂时不办此事"的结论。

一般在工作的时候，每个人都有自己要完成的任务，大部分时间都比较忙。当然，在工作中互相帮助是一件好事，但如果在帮助别人的时候妨碍了自己的工作，就应该学会拒绝。

当然，拒绝他人也不是一件容易的事，需要讲究技巧。比如，在拒绝接受不善于体谅他人而又十分苛刻的上司的要求时，通常都被视为不可能的事。但是，有些老练的管理者却深谙回绝的方法，经常将来自上司的原已过多的工作，按轻重缓急编排办事优先次序表。当上司提出额外的工作要求时，即展示该优先次序表，让上司决定最新的工作在该优先次序表中的位置。这种做法具有三个好处：第一，让上司做主裁决，表示对上司的尊重；第二，办事优先次序表既已排满，任何额外的工作要求都可能令原有的一部分工作无法按原定计划完成，因此除非新的工作要求具有高度重要性，否则上司将不得不撤销它或找他人代理，就算新的工作要求具有高度重要性，上司也不得不撤销或延缓一部分原已指派的工作，以使新的工作能被办理；第三，部属若采取这种拒绝方式，可避免上司误会他在推卸责任。因此，这也是一种极为有效的拒绝方式。

拒绝也要看时机

生活中,大多数人都有这样一种心理,当别人在请求自己做某件事的时候,不好意思拒绝。有时候,即使知道那件事自己可能做不到,也会勉为其难地应承下来。结果,不仅给自己增添很多无谓的烦恼,也会让别人觉得你没有用心去做。很多人在拒绝别人的时候,因为不好意思,所以在态度上犹豫不决,说话吞吞吐吐,欲言又止。在这种心理的制约下,最终往往是依照对方的意图行事。即使拒绝了对方,其态度也容易使对方产生误解,认为你拿架子,不够朋友。因此,要想使自己在工作和社会交往中,不致惹出许多麻烦,首先要克服这种"不好意思"的心理障碍。

国外研究拒绝艺术的专家强调,要建立这样一种意识:"你有权利说不,你不必因为对人拒绝了一件事而感到不好意思。"这样,你在拒绝别人的时候就会心地坦然、举止大方、态度明朗,避免被误解和猜疑。即使对方开始会对你的拒绝产生失望和遗憾，但由于你的态度、表情向对方表明你是坦诚的，使对方受到感染，容易弱化对方心中的不快。如果你自己都觉得拒绝不应该，心里发虚，那么你的态度、表情就会迟疑不决，对方也会觉得你拒绝的理由是不可信的。

比如，在商场买衣服，你看中了一件裙子，款式和颜色都让你十分满意，但在价钱上你却觉得不够理想。但是看到售货员的热情服务，你又觉得如果不买这件裙子很不好意思。有的售货员就是利用顾客的这种心理，你越是犹豫，她的服务就越是热情周到，帮你量好尺寸、试大小，甚至动手包装好，放进你的购物袋里，造成既成事实。

对于初次交往的男朋友，你心里也许还在犹豫，还在考虑是不是要接受他，因为他的长相实在让人爱不起来。但是，由于这个人是你的好朋友介绍的，或者这个人就是你好朋友的好朋友，使你在拒绝上产生了犹豫。虽然每次见面都会让你觉得不舒服、不愉快，恨不得马上逃得远远的，但你一想到对方的身份，就不得不仔细斟酌。小伙子却对你一见倾心，温情脉脉，你的好朋友也觉得好事可成。随着时间的推移，你一再丧失拒绝的机会，勉强从事，这样的婚姻是不会幸福的。

生活中，不知道有多少人就是因为不好意思说出那个"不"字，而买了不称心的衬衫，嫁了自己不喜欢的男人，答应了自己办不到的事情，耽误了自己不应该耽误的约会。

在日常的工作和生活中，你很可能也会遇到下列的情形：一个品行不良的熟人来缠住你，非要向你借钱不可，但你知道，如果把钱借给他，便是肉包子打狗——有去无回；你的顶头上司在增减人员上向你提出一些建议，但是这些建议又不符合公司的现实情况。

在你遇到这些情况的时候，肯定会拒绝。可是在拒绝之后，也许就会伤了和气，遭人厌恶，被人误会，甚至和别人积怨。要避免这种情形发生，唯一的方法就是掌握拒绝的艺术，要运用智慧。有这样一个事例：

在美国某电子公司的一次会议上，公司经理拿出一个他设计的商标征求大家意见。

经理说："这个商标的主题是旭日。这个旭日很像日本的国旗，日本人民见了一定乐于购买我们的产品。"

营业部主任和广告部主任都极力赞成经理的构想，但年轻的销售部主任说："我不同意这个商标。"经理听了感到很吃惊，全体人员都瞪大眼睛盯住他。

年轻的销售部主任没有同经理争论那个设计是否好看，而是说："我恐怕它太好了。"

听了这句话，经理觉得很纳闷，然而脸上带着笑说："你的话叫我难理解，解释来听听。"

"这个设计与日本国旗很相似，日本人喜欢，然而，我们并不止日本一个市场，我们还有中国的市场。仅仅考虑到日本市场而忽略了中国，这不是同本公司要扩展对华贸易营业计划相抵触吗？这显然是顾此失彼了。"

"天哪！你的话高明极了！"经理叫了起来。

向有权威的人士表示反对或拒绝，在回话时，你一定要有充分的理由，还要注意技巧。年轻主任用一句"我恐怕它太好了"先抚平了经理的不快，使他不失体面。后来他用更充分的理由，提出反对经理的意见，经理也就不会感到下不了台。

第五章
要注意轻重，响鼓莫须重槌敲

在回答别人问话的过程中，要把握好回话轻重的艺术和分寸，对不同的人回不同的话。如果在生活中回话不分轻重，不考虑后果，一时兴起，回话没轻没重，就会说出一些过头的话，既伤害别人，也伤害自己。

回话深浅的艺术

要想把事情办好,要懂得回话;要想成为一个受欢迎的人,要懂得回话;要学会更好地处世,也要懂得回话。在生活中,无论做任何事情,对任何人,都要懂得回话的艺术,把握好回话深浅的艺术。

生活中,常常有一些因为说话不知道深浅而得罪人的人,这种人无论是在人际交往中,还是在办事情的时候,都是不受人欢迎的。很多时候,我们在人际交往中出现某些失误,就是因为说话不知深浅造成的。生活中很多人有这样的缺点:自视甚高,觉得自己很聪明,能够把握自己的言行,其实很多时候并不是这样的。现实生活中,有很多原因让我们并不是恰到好处地把握自己的言行。生活中有很多规则,在行事的时候有很多条理也许是我们不十分清楚的,如果只顾自己一时痛快,该说不该说的话都说,就可能会惹上不必要的麻烦。

公共汽车上，人很多，挤来挤去。一个年轻小伙子不小心踩到了一位老大爷的脚，老大爷脾气不好，张口就来："你说你这么大一小伙子，欺负我这么大岁数的人干吗？"

小伙子本来正想给老大爷道歉，可是老大爷的话实在让他反感，愧疚的心理马上无影无踪，他按捺了半天说："踩了就踩了，可我什么时候欺负您了啊？"

老大爷更不高兴，说："得得得，现在的年轻人都不学好。我看你那样儿，是监狱里刚放出来的吧？"

这下小伙子可火了："你这人怎么说话呢？"说完就要往前冲。车里的人左劝右劝，好不容易才让他俩消了气。

尖酸刻薄的话说出来，有时候会像匕首一样直刺别人的心脏，伤及人心，令别人产生很不好的感觉。因此，在说话的时候，要注意深浅，要谨慎，要委婉。有些话如果说得太深，别人听不懂，就达不到效果，如果说得太浅，不痛不痒，也不会起到任何作用，只有不深不浅的话才能激励别人又不会伤害别人。害人之心不可有，防人之心不可无，说话要注意深浅，不可以随便拿起话来乱说。

回话要注意分寸

说话的时候要注意分寸,不能尖酸刻薄,伤害别人的自尊心。言语伤人,有时候是不知不觉的。然而说者无心,听者有意,听的人可能从此怀恨在心。如果是一个小心眼的人,将来还有可能会因为一句话而报复你。社会上,许多的怨仇和误会,都是因为说了一句不恰当的话而造成的。因此,说话的时候,要特别注意,不可不谨慎。少言就寡过,何必多说话呢?人家不会把你当哑巴。

新到一个公司,因为对环境和新同事都不是很熟悉,首先要做的就是在最短的时间内融入这个集体,避免受到排挤和孤立。正因为大家都不是很熟悉,所以说话的时候必须注意分寸,不能想说什么就说什么,每说一句话之前,都先考虑一下是否合适。不同的场合,对不同的人,有很多话是不能随意说的,否则会给人留下轻浮的印象。

有时候,话说得太多了,也会给别人留下不好的印象。

第五章 要注意轻重，响鼓莫须重槌敲

有些人在别人面前卖弄自己的所谓知识底蕴，自以为说得头头是道，精彩得不得了。无奈知识底蕴太浅薄，话说得再多，兜兜转转还是那些陈芝麻烂谷子，导致听者纷纷昏昏欲睡。然而这种冷落似乎并不会让他那张滔滔不绝之嘴因此而收敛，若逢得谁很客套地捧他两言，他那说话的"热情"就更拦不住啦！殊不知非理性的热情会让人的情绪同样处于非理性的亢奋，有多少为求得语不惊人死不休的精彩，反倒造成口误连连？如果只是一般性的交谈而出现口误还能让人一笑了之的话，那么一些领导也张嘴闭嘴就犯这类低级的毛病就叫人实在是笑不起来了。即使口误本身有些可笑，但因为出自领导之口中，所以留给人们更多的则是困惑，真是不想惊人都难啊！

美国总统布什一直是风口浪尖上的人物，他的新闻一直都被许多媒体炒得沸沸扬扬。他追求讲话讲到尽善尽美，结果屡遭失败，造成既不善也不美反成嘴拙的口误例子就有很多。

美国总统布什2004年8月5日在签署国防拨款法案后就反恐问题发表了演讲，在强调政府的反恐决心时，情绪就激动起来。他说："我们的敌人变换手法，随机应变，我们也一样。"他接着说，"他们从不停止考虑危害我们国家和人民的新途径，我们也一样。"奇怪的是，布什出现这样令人瞠

目结舌的口误,在场的所有美国高级军官和国防部官员居然没有一个人立即做出反应。也许是因为这些高官们早就习惯了怎样去适应布什这个老毛病。不过,布什这一次倒是意识到自己又没管好嘴,于是连忙不动声色地改口道:"我们会永不停息地思考最好的对策,尽力去保卫我们的国家和人民。我们必须永远想在敌人的前面!"布什爱说话,他的话比美国历届任何一个总统的都多,与此相应的口误率也最多。大多数美国人认为布什向来嘴巴不太利落,说错话已经是家常便饭了。

回话要步步深入

无论做任何事情，都要掌握一个度。回话也是一样，要根据时间、人物、事件、地点的不同，相应地调整其长短、轻重。回话要步步深入，才能把话回得圆。交流是双向的，有说话者就要有听话者，也就是说，一个人"张嘴说话"时最少要面对一个"听话"的人，说话的目的是要向对方传送某种讯息，如果没有分寸，你传送的讯息就会出现偏差，造成不必要的误会。因此，在说话的时候要把握好分寸，也就是把握好说话的禁忌。说话的时候不仅要注意遣词用句的问题，更要注意分寸。讲话时不但要注意听话的人与你的关系，还要注意讲话的音调等。如果没有拿捏好说话的分寸，后果就会很麻烦。尤其是在人际交往的过程中，说话时注意分寸，才能获得好人缘。

一个人如果想取得成功，就必须掌握回话的分寸。

美国斯坦福大学社会心理学家弗利特曼和弗利哲两位教

授，曾对学校附近的一些家庭主妇做了一个有趣的实验，以调查在人际交往时怎样才能将说话的分寸把握得恰到好处。

他们第一个电话打给了彼得太太："这儿是加州消费者联谊会，为具体了解消费者之实况，我们想请教几个关于家庭用品的问题。"

"好吧，请问吧！"

于是他们提出了一两个例如府上使用哪一种肥皂等简单问题。当然，这样的电话，还打给了许多人。

过了几天，他们又给彼得太太打电话了："对不起，又打扰你了，这两天我们将有五六位调查员到府上当面请教，希望你多多支持这件事。"

这本来是一件容易被拒绝的事儿，但最后却被同意，什么原因呢？只因为有了第一个电话作为铺垫。相反地，对于那些没有打第一个电话，而直接在第二个电话中就提出拜访请求的用户，却多数遭到了拒绝。

如果一开口就提出很高的要求，可能会遭到别人的拒绝，因此，说话的时候应该拿捏好分寸，不能太急，要让别人一步一步地接受你的想法，最后达到自己的目的。

如果要让别人接受自己的意见，就要循序渐进、一步一步地引别人接受，这是有求于人的一个小技巧，也是取得成功的一个重要原则。

回话是深还是浅，要讲究技巧的，假如出口不够谨慎，没有顾虑到听者的立场，就很容易在无意中伤害别人，而产生一些不必要的误会。

看对象说话是一件很难在一瞬间就可以完成的事。因为看对象说话不仅要看其外在，还要关注其内心之所想。而人心隔肚皮，世间万象，人心万种，如果一个人只顾自说自话，而忽略了听者的感受。那么，就很有可能在无意中得罪别人，而自己还没有察觉。

俗话说："言者无心，听者有意。"这个"意"实际上就是指听者曲解了说者的本意，从而造成的不良反应。

相同的一句话，不同的人听了就可能会有不同的反应。有的人可能会觉得没什么，一笑了之；而有的人就可能会敏感些，觉得自尊心受到了伤害。

因此，这就要求人们在说话的时候，应该尽量避免说一些有伤人之嫌的话。虽然这句话可能是你无心说出来的，但是听在别人的耳朵里却会有另一种意思，给他人造成了莫名的痛苦。

"说者无心，听者有意"的另一个含义是基于听者处于隐形状态而论的。俗话说："墙有缝，壁有耳。""没有不透风的墙。""隔墙须有耳，窗外岂无人。"这些大抵都是对说话者"防隐"意识的一种告诫。尤其是本身就是带有隐性的话，如果说话时被他人偷听了，那可就危险了！

且不说出门在外有多少天灾人祸，光是平常说话时稍稍一不留神，身边一个陌生人也许就会把你的存折掏空。

王凤芹有一次坐车到异地办事，当她掏出手机准备打电话时，才发现手机忘记充话费，停机了。

于是王凤芹就借车上售票员的手机给她的一位亲戚打电话，让他去买一张 100 元的话费卡充到手机里来。

不一会儿，对方就打来电话告诉她卡已经买好了，叫她记一下卡号和密码。王凤芹掏出自己的手机一边摁键，一边大声和对方核对着号码。等王凤芹把所有的号码摁完之后，以为钱已充进自己的手机里了。可是一核对，还是没有钱。她以为搞错了号码，又和对方进行了核对，并没有发现任何差错。

后来，王凤芹的亲戚拿着卡到售卡点，经查卡里已经没有钱了，售卡点告之已经被充值了。到底是什么原因呢？王凤芹百思不得其解。

后来据售票员反映，当王凤芹和亲戚核对号码的时候，坐在她旁边的小伙子也拿出手机摁键，王凤芹说一个他摁一个，当王凤芹说完不久，小伙子便起身下车，一溜烟走了。

谜底解开了，那个小伙子就是通过偷听卡号密码的方式窃取了王凤芹的话费。

那个小伙子应该受到责罚，但我们更应该感到可怕的是：因为说者无心，现实生活中又有多少人仍然在没完没了地犯着王凤芹这样的错误呢？

这起事件给每个人敲响了一个警钟：管好自己的嘴，不仅仅是在陌生的场合，即使是在熟悉的社交场合，也要管好自己的嘴巴。

说话的时候要三思。因思考而说，因听而思考，这两个敏感区的一来一去，耳朵无疑占据了绝对的上风。但凡听则解——无论是曲解还是深解——"听者之意"一直成为众多"说者"心头之患，原因就是太多人不"慎言"，不同程度地吃过"听者之意"的亏了。

对于自己的话受到别人的曲解，回话的人总是感到很委屈。觉得自己本是一番好意，却受到别人的误解，这都是因为听者敏感过度，扭曲了自己的意思，并为此闷闷不乐，甚至会神经质地乱加引申，产生悲观和逆反情绪。其实归结起来，还是要怪自己的嘴管不住。

人每天都会说很多的话，从"听者有意"的角度要求人人都管好自己的嘴，这也不是一件容易的事。就连具有卓越口才能力的圣罗兰和具有超人的组织能力的苏菲亚·罗兰，不也都有过因为自己的"无心"而得罪下属的经历吗？这就说明，在为人处事当中，回话的方式是要有所考究的。

蜻蜓点水，点到为止

在平时的生活中，我们要把握好回话的艺术和分寸。把握好这个分寸，就要在回话之前了解说话的对象——也就是听话人的情况。和一个明白事理的人说话，那么所说的话就不用太重，蜻蜓点水，点到为止就行。因为对方是个聪明人，一点即透。而如果听话的对象是个头脑不怎么聪明，或者悟性太差的人，那么说话的时候就要直白一些，否则对方就可能听不懂。

在人际交往中，如果说话不分轻重，只凭着自己的性子乱说一气，肯定会给自己带来不好的影响。

王梁是工厂里的一名组长，最近他的班组调来了一个名叫秦宇的人，别人对秦宇的评语是：经常迟到，工作不努力，以自我为中心，喜欢早退。过去的班长都对秦宇束手无策。第一天上班，秦宇就迟到了五分钟，中午又提前五分钟离开班组去吃饭，下班铃声响前的五分钟，他已经收拾好东西准备下班了。第二天还是一样。王梁观察了一段时间，发现秦宇缺乏时间观念，但是工作效率却是非常高，而且成品优良，在质管部门都能顺利通过。于是，王梁微笑着对秦宇说："如果你的时间观念和你的工作效率一样优秀，那么你将成为一个完美的人。"以后，王梁每天都跟秦宇说这句话，时间一久，秦宇反而觉得过意不去了，心想：过去的班长可能早就对我大发雷霆了，至少会斥责几句，但是现在的班长却毫不动怒。

感到不安的秦宇，终于决定在第三周的星期一准时上班。站在门口的王梁看到他，便以愉快的语气和他打招呼，然后对换上工作服的秦宇说："谢谢你今天能准时上班，我一直期待着这一天。这段日子以来，你的表现很好，如果你继续发挥你的潜力，一定会得优秀奖的。"

王梁对待秦宇的迟到，没有采取喋喋不休的方式批评，而是点到为止，让其自行改正错误。

一个人说话要谨慎，因为自己一言不慎，可能会将责备的话语重重地压在别人的心头。生活中常常会遇到说话不考虑他人感受的人。说话不知轻重，不论场合，不看对象，只图一时兴起，什么该说的不该说的都说了出来，口无遮拦，想到什么就说什么；或者含沙射影，讽刺挖苦；或者无中生有，肆无忌惮，等等，就是不顾忌他人听了以后会产生怎样的感受。

　　生活中，很多人都有这样的经历。与他人在一起的时候，本来还是比较开心的；可是，听到别人的一两句话仿佛是在说自己，就像石头压在自己的心头一样，心情一下子就变得沉重起来。有时候，不仅那一刻不快乐，甚至会有一段时间被那一两句话折磨着。

　　也许说话的人有时候也是无意的，也不是针对听话的人，甚至根本没有恶意，但是，听话的人往往不能"释怀"。许多时候，朋友之间、同事之间、邻里之间的误会就是这一两句话造成的。

　　人与人之间的交往中，说话是一个重要途径。所以，无论何时，在与他人交流的时候，注意说话的"轻重"是十分重要的。

　　回话的轻重，不仅表现在回话的内容上，还表现为回话的语气、回话的感情等方面。总之，回答别人的问话，热情一点，理解一点，一定会受他人的欢迎。

硬话软说,回得高妙

每个人都喜欢听好听的话,这是人的共性。俗话说:"忠言逆耳利于行。"然而很多时候,逆耳的忠言别人不一定能够听得进去。比如,在面对别人的错误时,直接指出,可能会让别人接受不了,从而产生相反的效果。因此,在批评别人犯的错误的时候,我们可以采取委婉的方式,这样才更能让别人接受。

批评别人的时候,要懂得说话的技巧,尽量不要用贬义词,口气不要太重,更不要用刺激性的语言,当然,话尽量不要说得太过直白。这样,被批评者才容易接受。有经验的人懂得批评时顾及他人面子,也懂得语气要委婉,因为这么做才能达到更好的效果。

在批评他人的时候,态度也非常重要。如果你在批评的时候只是一味地指责或告诉他你的看法,只会引起对方的讨厌和不满,达不到批评的效果。生活中,没有人喜欢被别人批评。如果你能以正确的方式批评别人，你将会获得较大成功。

很多年前，美国华易电气公司遇到了一件棘手的事情：他们准备撤去麦福尔的部长职位。

麦福尔在电学方面的造诣很高，算得上一位一等的人才。但是，他却不能胜任会计部部长之职。如果让他继续担任会计部部长，肯定会给公司造成很大的损失。因此，公司特别给他一个新头衔，请他担任华易公司顾问工程师，而会计部部长则派别人担任。

麦福尔很高兴，华易公司的主管人员也很满意。他们在平和的气氛中，调动了一位高级职员，其间并没有发生任何不愉快的事情，因为他们保住了麦福尔的面子。

上述事例告诉我们，不论是说话还是做事，都要顾全别人的面子，这是一件很重要的事。然而在现实生活中，很多人都不太注意这个问题。有些人在批评他人的错误时，总是不留一丝的余地，找别人的错处，或者加以恐吓！当着别人面前，批评自己的员工，丝毫不顾员工的自尊心！

经过数百年的敌对仇视，土耳其人在1922年时，决定把希腊人驱逐出境。

土耳其总统凯末尔沉痛地向士兵说："你们的目的地，就是地中海。"经过残酷的斗争，土耳其取得胜利。当希腊的某两位将军向凯末尔请降时,沿途受到土耳其民众的辱骂。

可是凯末尔并没有以胜利者自居,更没有在失败者面前显现出一副骄傲的姿态。他握着两位将军的手说:"两位请坐,你们一定感到疲倦了!"凯末尔谈过战争的情况之后,为了减少两位将军心理上的痛苦,随即对他们说:"战争就像一场竞技比赛,有时候高手也会遭遇到失败的。"

凯末尔虽然获得了光荣的胜利,可是他依然没有忘记一个重要的原则:那就是要顾全对方的面子。

刘林园是武汉一家木材公司的推销员,他与那些冷酷无情的木材审查员打了很多年的交道,常常发生口舌之争,虽然最后的结果总是他赢,可是他所在的公司也因此赔了不少钱。刘林园决定改变以前的处事方法,不再与别人做无谓的口舌之争。

有一天上班时,刘林园办公室的电话铃响了,电话那边的人急躁不安地通知他,运给他们工厂的木材不合格,他们已停止卸货,要求刘林园立即把货从他们的货场运回去。原来在木材卸下四分之一时,他们的木材审查员报告说这批木材低于标准的50%,鉴于这种情况,他们拒绝接受木材。刘林园挂了电话之后立刻动身向那家工厂赶去,一路上想着怎样才能最妥当地应付这种局面。要是在以前,他一定会找来判别木材档次的标准规格，据理力争，想根据自己多年的经验与知识，力图使对方相信这些木材达到了标准。可是这次他并没有像以前那样做，他想改变一种处理问题的方法。刘林园赶到现场，看见对方的采购员和审查员表现出一副揶揄的神态，摆开架势准备吵架。刘林园走到卸了一部分的货车旁，询问他们是否能够继续卸货，这样他就能够了解情况到底怎样。刘林园还让审查员像刚才那样，把要退的木材堆在一边，把质量过关的木材堆在另一边。

看了一会儿刘林园就发现，对方审查得过分严格，判错了标准。因为这种木材是白松，而审查员却不懂白松木，只对硬木很内行，而白松木又恰好是他的专长。不过刘林园一点儿也没有反对他的木材分类方式。他一边观察，一边问几个问题。刘林园提问时显得非常友好。听他这么一说，审查员变得热情起来，双方之间的紧张在逐渐消除。渐渐地，审查员改变了整个态度，他终于承认自己对白松毫无经验，开始对每一块木料重新检查，并虚心请教刘林园。

最终的结果是，对方接受了全部木材，刘林园得到了全价的支票。

这个故事告诉我们：委婉的语言能在轻松愉快中进行批评，达到"直言"所达不到的效果。

批评别人时,话要说得委婉、含蓄,这样才能让对方虚心接受,否则,非但不能达到批评的目的,还可能会引起相反的效果。会回话的人懂得把"硬"话说"软",以达到自己的目的。

回话要有的放矢

我们在平常的生活和人际交往中，失言不可避免。失言的原因是多方面的，但其中最根本的原因，往往是因为语意含糊，缺乏明确的目的。

谈话不只是一种社交上的需要，也不只是为了互相认识和了解一下，而是要彼此传达自己的意思和思想。所以，在说话时要首先明确自己的目的，要把话说明白，让对方能够听懂、理解。

例如，你邀请一位朋友加入一个团体，或者请一位医生解决一个医疗问题，或是买卖双方谈论生意上的事情，这一类谈话究竟和一般社交性质的谈话有什么不同呢？有些方面是一样的。例如，你要具有一般的谈话能力，要能够适应对方，尽可能了解对方的特点，态度要友好而又真诚等。但不同的是，这类谈话，每次都有一个特殊的目的。

一般来说，人们说话的目的，不外乎有以下5种：

1. 传递信息或知识

如课堂教学、学术报告、现场报道、产品介绍、展览解说等一类的说话。

2. 引起注意或兴趣

多是出于社交目的，或为了与人接触，或为了与人沟通，或为了表明自身的存在，或为了取悦于人，如打招呼、寒暄、提问、介绍等。

3. 争取理解和信任

如人们交谈、叙旧、拉家常等，往往旨在交流感情，增进友谊，拉近关系。

4. 受到激励或鼓动

旨在加强人们现有的观念，坚定信心，振奋精神，有时也要求得到行动上的反应，如赞美、鼓动性演讲以及毕业典礼和各种纪念活动、庆祝活动中的讲话等。

5. 说服或劝告

诸如谈判、论辩、批评、改革性建议等，大多力图改变对方的某种观念或信念，阻止对方采取某种行动。

明确说话的目的，是说话取得成功的首要条件。目的明确，谈话、社交往往才能够取得良好的效果。

只有明确了目的，才知道应该准备什么话题和资料，采取何种语体风格，运用哪些技巧，从而能够做到有的放矢，临场应变。若目的不明，不顾场合地信口开河、东拉西扯，对方就会不知所云，无所适从。

林肯曾说："在一场官司的辩论过程中，如果第七点议题是关键所在，我宁愿让对方在前六点占上风，而我在最后的第七点获胜。这一点正是我经常打赢官司的主要原因。"我们一起来看林肯是怎样用他所说的办法打赢了一场著名的官司。

当时，美国的罗克岛铁船公司打算建一座大桥，把罗克岛和达文波特两个城市连接起来。但是轮船公司竭力对修桥提案进行阻挠，因为一旦铁路修建成功，就断了他们的财路。于是，美国运输史上最著名的一个案件开庭了。

时任轮船公司辩护律师韦德，是当时美国法律界很有名的"铁嘴"。法庭辩论的最后一天，韦德站在那儿滔滔不绝，足足讲了两个小时。等到罗克岛铁路公司发言时，听众已经显得非常不耐烦了。这正是韦德的计谋，他想以此击败对手。然而，出乎韦德意料的是林肯只说了一分钟。

罗克岛铁路公司的辩护律师林肯站起身来，平静地说："首先，我对控方律师的滔滔雄辩表示钦佩。然而，陆地运输远比水上运输重要，这是任何人都改变不了的事实。陪审团各位，你们要裁决的唯一问题是，对于未来发展而言，陆地运输和水上运输哪一个更重要？哪一个不可阻挡？"

片刻之后，陪审团做出裁决，建桥方获胜。

不可思议的一分钟，让林肯声名远扬。

对方律师整整花了两个小时来为委托人申辩，而林肯本来可以针对他所提出的论点一一进行驳斥，但他并没有那样做，而是将论点集中到一个关键点上，只用了一分钟的时间，就驳倒了对方。所以在沟通中，话不在多，而在于是否说到了点子上，是否传达出了最主要的意思。任何一句话，只要让对方明白了你的意思，就是有效的话。在与人沟通的时候，试着简要地说出自己的目的，你会发现，这样的沟通最有效。

明确了要表达的主要内容，还要通过语言进行传递，语言是否恰当、贴切直接影响信息传达的效果。清晰准确的语言能够最大限度地表现说话人的原意，而含糊不清的语言会阻碍信息的有效表达，甚至被人误解原意。

要想使语意清晰，一定要注意遣词造句，恰当地用词才能准确地表达自己的意思。另外，适当的语句还能起到感染听众的作用。

想清晰准确地表达自己的意思,就要善于提炼自己的用词,平常我们要勤于积累。

每次与人交流之前,不妨先自问一番:"我要向对方传达什么信息?"或者"对方想要获知什么内容?"预先想一想自己的表达要达到什么样的效果,并把预期的效果当作目标,为之努力。

另外,在平时就要注重培养自己分析问题的能力。要学会透过事物的表面现象,把握事物的本质特征,善于综合概括。在这个基础上形成的交流语言,才准确、精辟。这是一个长期积累的过程,需要我们在平时多下功夫。

我们经常说一个人口才好,并不是指他在别人面前怎么侃侃而谈,而是说他的每句话都能说到点子上,能起到真正的作用。相反,一个人把一件事说得天花乱坠,但不得要领,那也只是在说废话。

三思之后再开口

如果你要给别人陈述一件事情,而对于这件事情你没有足够的把握,那么在开口之前,你就要仔细思量。很多时候,抢先说话并不能给你带来什么好处,有时候还可能"祸从口出"。对于自己不清楚的事情,不要道听途说,宁愿保持沉默,也不要信口开河。如果你对某件事情只是一知半解,就不要急于卖弄自己的高见。急急忙忙地乱发表意见,只会贻笑大方,沦为别人的笑柄。因此,我们在说话的时候,一定要经过深思熟虑才行。

有这样一则寓言故事:

从前有个老实的商人,被某人的花言巧语骗得倾家荡产,心中怀恨不已。他发誓要报复对方:下辈子要当他的嘴,让他吃尽苦头。

这张嘴,最终真的把他的主人弄得惨不忍睹。做生意时,顾客上门,这张嘴就胡说八道,于是生意也泡汤了;肚子饿了，别人招呼他吃饭，嘴却说："我吃饱了。"主人想成家，看到了貌美的小姐想要追求她，竟说出一些粗野无理的话，令人退避三舍。这张嘴不断和主人作对，主人都快被逼疯了。这个主人最后一咬牙，采取了一个办法——从此把你打入冷宫，闭嘴不开口，看你这刁蛮的嘴还有什么办法？这时，嘴巴有千万个坏主意也使不出来了。

这只是短短的一则寓言，却很好地证明了一句话："利刀割体痕易合，恶言伤人恨难消。"

从前，有一个长得很漂亮的女子，曾在婚前遭遇过感情方面的伤害，内心留下了挥之不去的阴影。经过很长时间，她终于又重拾信心，并且还找到了一个非常爱她的老公，婚后两个人生活得非常幸福。有一天，她和丈夫聊天，聊得兴起，一不小心说漏了嘴，把自己之前的事告诉了丈夫。丈夫当时只微微一笑，说："我爱的是你的现在和以后。"可是，那笑中也带有一丝苦涩。有一天，很晚的时候，丈夫回来了，喝了很多的酒，很痛苦的样子，告诉她，他受不了了，要解脱。最终他们的婚姻以离婚收场。这个故事告诉人们：说话前要三思，不要说不该说的话，否则，只会给自己带来烦恼。

李心在她大学毕业之后，应聘到一家私营企业做销售主管。刚走入社会的大学生，都有种初生牛犊不怕虎的精神，李心也是这样。她不仅在工作上很有干劲，时不时还会冒出一些闪光的好点子，上司因此很器重她。

在公司召开的各种会议上，李心都能够侃侃而谈。她不仅针对自己部门的事情提出各种看法，还对其他部门提出建议。有一次李心的部门准备开会，但到了会议室才发现别的部门也在讨论问题，李心就跑了进去，大谈特谈自己的观点，言语间难免露出骄傲的表情。这番指手画脚的评论引起了这个部门同事的反感，再加上她一贯的自负，同事联名在经理面前告了她一状。

凡事要三思而后行，积极地向上司提出建议本来是一件好事，很多开明的领导也都会欣赏这样的下属。但是，如果提建议的时候不分时间、场合，就会引起别人的反感，弄巧成拙。

李心的思维活跃，对事情的看法也有着自己独到的见解，但是她没有摆正自己的位置，骄傲自负。要知道，到处批评他人做的工作并不会受到任何人的欢迎，特别是越俎代庖，在不恰当的场合说出超出自己职权的建议，更是一个大忌。

一句不恰当的话，会使人产生排斥的心理，因此话要回得恰到好处，多一句、少一句都不好。在日常生活中，待人处世令人伤脑筋的是，通常口一开，不该说的不由自主地脱口而出，而"该说的"话忘了说。说话者也会因为该说的不说，不该说的反而说了一堆感到后悔莫及。因此，智者懂得说该说的话，蠢人只会口不择言，说话不当。不恰当的话不但容易得罪人、伤害人，还容易引起别人的反感，损人又害己。

警惕祸从口出

生活中，可能很多人都有过"祸从口出"的经验，想要说话得体，断除口祸，非要下一番功夫不可，下面这几点可以做个借鉴：

1. 不随便承诺：做人要言而有信，如果自己做不到的事情，就不要随便承诺。

2. 多说好话：说话尖酸刻薄的人，令人讨厌，应该学会得理能饶人。俗话说："话多不如话少，话少不如话好。"对别人说些好话，会让别人更愿意与你交往。

3. 不搬弄是非：喜欢搬弄是非的人令人讨厌，让别人之间的感情破裂，是不道德的行为。闲谈莫论人非，才会获得好人缘。

4. 不说花言巧语的话：说话要真心实意，对得起自己的良心，不违背自己的本意，不因为自己的利益用甜言蜜语迷惑别人。要知道只有真实的言语才能感动他人。

生活中，经常有人口不择言，还会强辩自己是个心地善良的好人，只是心直口快，刀子嘴豆腐心。有人说："嘴巴不好，脾气不好，心地再好，都不是好人。"嘴巴说出的话好比是产品，心地是制造产品的工厂，说出来的话（产品）如果粗俗不堪，能强辩自己心地（工厂）好吗？

如果非说不可，那么你就要小心谨慎，三思而后言，还应注意说话的态度、时机、内容、声调，学会在什么场合应该说什么话，应该怎么说。我们虽然未必能达到这个境界，但朝着这个目标去努力是不会错的。

1. 说话前应考虑周全

聪明人说任何话都要为自己留点余地，如果草率做出承诺而没有实现就会招来嘲笑。一件事情应三分在明，留七分在暗，不管事情发展如何，你都会有足够的空间去驾驭。说话有三种限制，一是人，二是时，三是地。非其人不必说；非其时，虽得其人，也不必说；得其人，得其时，而非其地，仍是不必说；非其人，你说三分真话，已是太多；得其人，而非其时，你说三分话，正给他一个暗示，看看他做何反应；得其人，得其时，而非其地，你说三分话，正可以引起他的关注，如有必要，不妨择地长谈，这才是通达世故的人。

与人交谈，要掌握好分寸，不能口无遮拦。人常说："话到嘴边留半句。"那么我们应该注意哪些方面呢？

（1）留住自以为是的见解。

俗话说："逢人只说三分话，未可全抛一片心。"人们常说"祸从口出"就是指说话太多会招致麻烦，所以口无遮拦的人最易招人厌烦。人们都是根据有限的信息进行思考并形成想法的，加上感情倾向与情绪的作用，难免会产生偏见。正如索罗斯所说："我们对世界的所有认知都有缺陷，因为我们无法透过没有折射作用的棱镜看待这个世界。"所以，一旦对某些问题产生了想法，不要急于表达，要耐心地听完别人的谈论，再对自己的意见进行分析，确认无误，再说出口。

（2）避免对别人不恰当的批评和指责。

如果你误会了对方，批评和指责无疑是火上浇油。如果对方确实有过错，也不能横加指责，要注意方式方法，点到为止，过分的批评指责可能使结果适得其反。

（3）不随便发泄心中的不满。

生活中，遇到不如意的事难免生出抱怨，但抱怨是解决不了问题的。有些人直言不讳，逢人便抱怨，殊不知这样很容易招来别人的反感，给自己惹来麻烦。如果事先把话在大脑中"过滤"一番，就可以避免此类事情的发生了。

2. 有些话应该这样说

如果说话做事莽撞、欠思考，就是不成熟的表现。我们与人交谈之前应该深思熟虑，考虑周全了再说，避免给同事、朋友带来不愉快的情绪。有些话，我们巧妙来回答，远胜过不假思索的脱口而出。

（1）遇到别人的奚落或尴尬的情景，以幽默的回答来化解。

有一次，萧伯纳遇到一位牧师，这位牧师胖得像酒桶一样，他跟萧伯纳开玩笑说："外国人看你这样干瘦，一定会认为英国人都在饿肚皮。"萧伯纳谦和地说："外国人看到你，一定可以找到饥饿的根源。"

有时候，人际交往免不了要应对尴尬的境地，这时候如果口无遮拦，随口说"你的话真是很无聊"之类的话，必定会刺伤对方，而一句幽默的话语就能打破原有的压抑气氛，既挽回了自己的面子，又顾及了对方的面子，从而避免了冲突。

（2）转移话题，拒绝回答。

打个比方，如果一位胖姑娘穿了一件新的紧身连衣裙，自以为得体，高兴地问你："漂不漂亮？"她当然是想得到你的赞美。但这件衣服的确不怎么适合她。你不能违心地赞美，又不能直说，怎么办呢？你可以巧妙地转移话题："今年夏天，姑娘们好像都很热衷于这种连衣裙啊！我最近看到一本杂志，上面有很多漂亮的款式，推荐给你啊……"

直接回答别人的问题会显得很不礼貌，这时不妨"顾左右而言他"，暗中转移话题。当然新的话题必须和原来的话题有一定的联系，还必须能引起他（她）的兴趣。否则，也会引起对方的疑惑或反感。

三思而后言，说前想清楚，不仅能够避免不必要的麻烦，还能取得意想不到的效果，为自己赢得良好的人际关系，何乐不为呢？